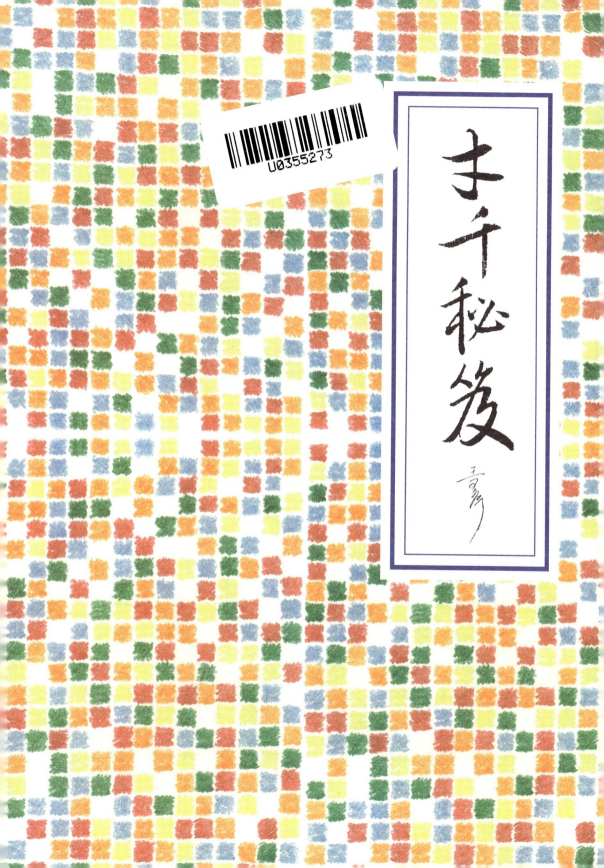

《最强大脑》第一场国际PK赛图辑

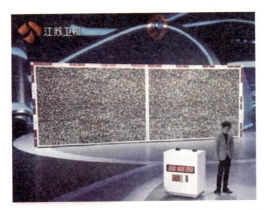

比赛开始前,郑才千背对魔方墙,正在做准备

比赛过程中,郑才千盯着有63000个色块的魔方墙"找茬"

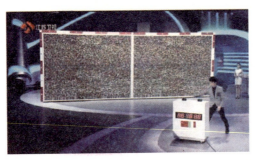 

6分17秒后,郑才千成功找到变动色块(如右图)

最强大脑

「魔方墙找茬王」郑才千的学神秘笈

郑才千 ◎ 著

北京大学出版社

图书在版编目(CIP)数据

最强大脑:"魔方墙找茬王"郑才千的学神秘笈 / 郑才千著. —北京:北京大学出版社, 2016.2

ISBN 978-7-301-26510-9

Ⅰ. ①最… Ⅱ. ①郑… Ⅲ. ①智力游戏–青少年读物 Ⅳ. ①G898.2

中国版本图书馆CIP数据核字(2015)第269295号

书　　　名	最强大脑:"魔方墙找茬王"郑才千的学神秘笈 Zui Qiang Danao: "Mofangqiang Zhaocha Wang" Zheng Caiqian de Xueshen Miji
著作责任者	郑才千　著
策 划 编 辑	旷书文
前扉绘画书法	王昱珩
责 任 编 辑	旷书文　王业龙
标 准 书 号	ISBN 978-7-301-26510-9
出 版 发 行	北京大学出版社
地　　　址	北京市海淀区成府路205号　100871
网　　　址	http://www.pup.cn　新浪微博:@北京大学出版社
电 子 信 箱	zpup@pup.cn
电　　　话	邮购部 62752015　发行部 62750672　编辑部 021-62071998
印 刷 者	北京大学印刷厂
经 销 者	新华书店
	730毫米×980毫米　16开本　15.75印张　240千字 2016年2月第1版　2018年4月第14次印刷
定　　　价	39.00元

未经许可,不得以任何方式复制或抄袭本书之部分或全部内容。
版权所有,侵权必究
举报电话:010-62752024　电子信箱:fd@pup.pku.edu.cn
图书如有印装质量问题,请与出版部联系,电话:010-62756370

名人推荐

《最强大脑》主持人　蒋昌建

在《最强大脑》的舞台上,许多观众见证过才千创造的魔方墙挑战的奇迹。在学习方法上,我相信才千已积累了不少好的经验。希望这一有关学习方法的分享,能够激发更多朋友的脑力潜能,进而对自己的工作、学习和生活有所助益。

《最强大脑》"蜂巢迷宫"选手　鲍橒

千千是我们圈内公认的天赋极高并且均衡全面的脑力达人,按照他书里的分析,那就是他的"流体智力"十分强大,做所有事情都可以胜任,很讲究方法。而我的迷宫项目或者围棋盲棋有一多半还是依靠后天积累的"晶体智力"。恭喜他的《最强大脑》一书出版面世,也送给广大读者一句话:开卷有益,本书内容丰富,可读性强,您一定会从方方面面读到自身最想学习的内容。

《最强大脑》"盲填数独"选手　孙彻然

读了这本书,除了能掌握一些记忆方法并实际运用之外,还可以对千哥本人的经历有一定的了解。相信了解了男神真实的经历,学起记忆来会变得非常容易!同时,想要有一个优秀的大脑还需要注意很多,这些都可以在书中找到。或许称这本书为"大脑宝典"都不为过。

《最强大脑》"空间游侠"选手　刘　健

神奇方法,成就天才之能

一双慧眼,看破万千迷雾

本书将带你走进郑才千的神奇世界,也许成就的下一个天才就是你。

《最强大脑》"辨变脸"选手　李　威

才千是世界上首位在20岁前获得"世界记忆大师"称号的脑力精英,他的方法不仅让他自己成为超级学霸和大脑明星,也让越来越多的人获得轻松学习之道,他的秘密尽在此书。

《最强大脑》"魔方工厂"选手　孙虹烨

庆幸没有早看到才千的这本书,否则,我现在可能不会玩魔方,而是追随他的脚步,成为一名记忆大师。

《最强大脑》"水下盲拧魔方"选手　贾立平

看完才千这本书稿,非常感慨,要是早几年能看到这样的书就好了。中学的英语、语文、政治、历史那么多需要背的东西,我们都花了太多时间却没有效果,原来是方法问题。这本书适合所有希望提高自己记忆效率的朋友,相信你们能从这里找到正确的记忆方法。

《一站到底》站神　周唯达

我把记忆能力分为三个等级:一级是对于大多数人来说,想记记不住;二级是普通人中记忆力好的,什么都能记住,但没有选择性;三级是记忆大师,想记的很容易记住,不想记不该记的不记,能够灵活控制自己的记忆,不让无效信息占据有效记忆资源。郑才千一定是这种大师级的天才，他能在纷繁复杂的素材中迅速找到有效的记忆要点，在最短的时间内把它们建立联系，找到规律，然后记住该记住的，舍掉无用的。无论需要记住的东西是数字、文字，还是二维码，甚至是魔方墙上的色块。对此，我除了佩服真的望尘莫及。天才区别于常人的一个突出点就是：他们思考问题可以从起点 a 直接到终点 z，而凡人必须经过 bcdefg……xyz。

这本书，就是郑才千在通关到 z 后，再倒推出 yxwvu...dcb，然后再把记忆力训练从 a 到 z 的全过程展现给大家。所以我迫不及待地读起来了，因为它既能帮我们探索提升记忆力的奥秘，又能让我们找到凡人与天才的差距。

《芝麻开门》门神，康奈尔大学物理化学博士　包　坤

现今人类知识最大的两个未知领域就是我们头顶上的星空，和我们项上的人头。这本书会让你对你项上的人头有更多的了解，帮助你认识何为最强大脑。

上海交通大学超级大脑研究中心主任　李卫东

很多世界记忆大师往往注重数字、扑克记忆，才千更强调有内涵、有知识的记忆，即中文世界的记忆，它强调了想象力的重要性，这恰恰是中国的学生所需要的。未来世界，与知识一样重要甚至更加重要的是想象力与创造力，我郑重地向学生、家长、老师推荐这本书，希望它为中国人带来新的学习方式的启示。

《最强大脑》"微观辨水"选手　王昱珩

聪明人看聪明人写的书。

《最强大脑》"肉眼识别二维码"选手　黄金东

才千是一个有理想、充满活力、悟性极高的"最强大脑"选手和脑力开发教练，更让我欣赏的是，他性格中的"傲"。一个人如果不够傲，是没有办法疯狂到改变世界的。所以我认为，才千将来会取得的成就，要远比今天人们能看到的大得多。

人类的前两次工业革命，蒸汽机革命和电力革命，都是对体能的解放，只有第三次革命，计算机革命，才是对脑能的解放。我们碰上了一个好时代，一个伟大的时代，在这个时代，人才会真正关注大脑。江苏卫视的《最强大脑》是我所见过的最出色的关于大脑的节目，仿佛过去所有的大脑类节目都只是平面，到这时才成为立体，才鲜活起来。才千作为《最强大脑》第一个出场的选手，是让大众印象最深刻的一个。他的魔方墙挑战，震撼了观众，还有现场的李彦宏、周杰伦等重量级嘉宾，Dr.魏也给予了很高的评价。

看节目只是看"表象"，成为内行才能真正看到大脑的"波澜壮阔"。人类的大脑是一个永恒的迷。从我开始接受教育的时候起，我就很想知道学习的规律，想知道大脑是怎么运作的。所以我一直孜孜不倦地思考这些问题，寻求答案，遗憾的是，这方面的优质内容非常稀缺。所以我对才千的新书有一些期待：不可能是想出来的，可能是做出来的。如果你过去没有了解过记忆术，或者你对你的大脑能创造什么奇迹信心不足，就读这本书吧。不要只是翻阅，开始一页一页地阅读，同时做好笔记，将这里面的绝招融汇贯通起来吧。

当你翻阅这本书的时候，不要忘记已经有越来越多的人，正在使用这本书里介绍的方法开始改变了。改变命运，从改变大脑开始！

黄金东

2007年江苏省文科状元　赵佳音

才千的方法非常好，可以终结几代人机械式学习的枯燥而艰苦的状态。原来学习也很有趣，同时还可以很高效。我希望，受《最强大脑》节目以及才千所写的这类书的影响，新一代人的学习方式将会有根本转变。

赵佳音

一个学神的自我修养（代前言）

从小时候开始便一直有人问我学习的问题，当我非常坦诚地回答之后，他们的回应却是——"你太厉害了！""真是学神，我学不来。"

对此，我难以苟同却又一言难尽。所以，是时候谈一谈一个学神的自我修养了！

学神之天赋

"你本来天赋就很好，记忆力就好，你不否认这一点吧？""嗯！是挺好的，为什么要否认呢？"录完节目，在化妆间，我爽快地回答了朋友的问题。放在之前，对于这个类似于"你本来就是学神"的问题，我一直不知道该怎么回应。

《圣经》中有这样一个故事，神在梦中对所罗门说："你愿我赐你什么，你可以求。"所罗门选择的是"智慧"，他也成了以智慧著称的王。如此看来，一切的智慧都是天赋了，那我们还努力干嘛呢？事实真的如此吗？我们就死磕这位聪明的所罗门王看看，作为一位有如此智慧的王，所罗门后来却犯下了严重的过错——崇拜了外邦的偶像，这违背了上帝十诫的第一诫！结果耶和华向所罗门发怒，导致神对他的厌弃。如此的天赋又如何呢？

年少的时候，我一直走在"天赋"的迷雾中，时而为自己的天赋兴奋不已，时而又觉得自己不过尔尔。

直到有一天我真正意识并且相信——有天赋还需要人算！

学神之人算

所谓"天赋"，其实每一个人都有，它只是上帝赋予你的一个数值，而如何计算却在你自己。不可否认，每个人的数值真的是不一样。但是，公式在你自己手上：三角函数、指数函数、对数函数、二次函数、双曲线函数、幂函数……2 的 10 方是 1024，2 乘以 10 只有 20 而已！

我希望这本书能够带领你正确地认识自己的天赋，并且找到"计算"的"最佳公式"！在第一篇，我分享了我从学生时代开始的人生经历，其中有鲜花也有荆棘，有坦途也有泥泞，希望通过我的体悟能够给你带来启发，以一个平和的心态去认识并且面对你的天赋。后面的第二、第三篇则侧重于分享一些我这些年研究的最大化天赋的"人算"方法。为了便于掌握，我提炼出了"郑公式""郑步骤""郑才千单词记忆法"等重要的概念，希望你能够着重掌握。

说实话，市面上类似于《×××超级记忆法》《×××记忆大师教你记忆》这样的书实在数不胜数，为什么我还要来"掺和"呢？因为，事实上，这类书往往是读者读完感到很有趣，然而最后用处却不大。究其原因在于很多人在书中其实是自说自话，甚至是找人代笔，没有真正地考虑读者的感受。所以，我决定在本书中尽量采用我的学生的例子，而且不专门选择最优秀的例子，而是各种水平的都有，并且尽量采用口语化的写作风格。最终达到——看书如同听课，你在书中会感受到我的嬉笑怒骂，会看到"棒棒哒"的模范例子，也会听到我对"蠢萌"例子的修改指正。让你宛如和我还有各位师兄师姐一起学习、一起提高。既然已经给了诸位和我的亲传弟子一样的待遇，所以这本书并没有刻意降低难度，书中抛出来的任务基本都是硬骨头，从最开始的学前测试就开启"高难预警"。后面更是和司法考试、注会考试等"变态"考试死磕！但是，再难的题目，书中都已经预备好了对应的解决方法，并且解决方法都非常简单，完全"傻瓜式操作"，都是类似于"郑公式"这样的流水线解决方案。通过在书中真刀真枪地解决难题，让读者不再有看书"一马平川"，实操"一筹莫展"的尴尬。

值得注意的是，书中个别方法相对于其他方法可能没有立竿见影的效果，但是这本书前后删除了近一半的篇幅，保留下来的都是精华，我列在其中的方法必有它的独到之处。比如丹田呼吸法，刚开始的几天时间可能不会感觉到什么变化，但是只有坚持训练，速读才能达到 10000 字/分钟以上，在保证理解记忆率的前提下，我的一名学生在短短一个多月的时间里面就达到了 20000 字/分钟左右的速度，他在这方面就做得非常好。

学神之教程

拿到这本书之后或许你就会迫不及待地开始学习书中的各种方法，但是——且慢！

学习方法对于学习效果影响很大，但是只有学习方法是不够的，在这里我要列出一个公式：学习效果 = 学习心态 × 学习方法 × 学习时间。时间对于大多数人来说是一样的，方法的重要性大家也非常清楚，唯有心态容易被人忽略，而实际上它的作用却非常巨大！

所以，请跟随我的节奏，从第一篇开始看起，细细地分析自己心态上面的不足，让自己牢固地树立起"学神"的信念。而第二篇则是核心方法的综述，这一部分是第三篇的基础，希望你扎扎实实地掌握这些方法，否则急躁冒进地进入第三篇会后劲不足。记忆法、思维导图、快速阅读各有其特点，不能互相取代，其中快速阅读不仅仅对思维有要求，对眼睛和呼吸也有要求。我已经力求把各种训练强度降到最低，方便"偷懒"，如果我的要求你都做不到，那么这个世界上很难有人能够帮到你了。第三篇是一些具体的操作实例，碰到实例建议先自己想，然后再对照看师兄师姐们的例子取长补短。第四篇是从生活的各个方面提升每个人的智力基础和表现，让你从内到外变身"最强大脑"，这一部分需要结合自己的实际生活来做。

虽然内容不少，但是跟着我学习，绝对不用担心训练负担过重，因为说到底我是一个很懒的人，所以我会想方设法地帮助大家"投机取巧"，在书中我已经列好了一份训练计划，计划简单易操作，跟着我一起用"傻瓜"的方式开启你的天才模式吧！

在过程中遇到问题欢迎通过以下方式与我联系：
新浪认证微博"郑才千"
微信公众号"郑才千"（zhengcaiqianvip）
邮箱 geniuscaiqian@sina.com

郑才千
2015 年 12 月

目录 Contents

最强大脑
Super Brain

第一篇

不明觉厉：我的故事 /1

- 一、我是《最强大脑》的"头响炮" / 2
  1. No zuo no die：我爱挑战 / 3
  2. 色块从 1800 个到 45000 个：魔方墙我来了 / 5
  3. 智力可以后天改变吗：流体智力和晶体智力 / 8
  4. 坚持魔方墙项目：有勇气才有资格成功 / 10
  5. 追星也可以是你成功的动力 / 11
  6. 迎战终极 BOSS：消除未知，消灭恐惧 / 14
  7. 相信自己，一切"反动派"都是纸老虎 / 16
  8. 凡事都有定数，成功常常出现在你快要绝望时 / 18

- 二、我的小学：天赋异禀真的只是"天"做的事情吗？ / 22
  1. 背诵能力需从小抓起 / 22
  2. 我怎么看待"读经热" / 23
  3. 思维提速：你的能量超乎你想象 / 24

- 三、我的初中：找到自己的路 / 26
  1. 从第一名到排名倒数：省重点给我当头一棒 / 26
  2. 上重点中学一定好吗 / 28
  3. 学习的 style：自己的节奏是最呀最摇摆 / 29
  4. "题海战术"是否有效 / 31
  5. 数学从倒数到拔尖：如何建立信心 / 33

四、我的高中（上）：敢想敢做才容易成功 / 36

1. 不要轻视副科：高一开门红 / 36
2. 自学学出年级第三，老师们惊呆了 / 38
3. 选文科还是理科：听从你的内心 / 39
4. 玩得快乐才能学得轻松 / 40

五、我的高中（下）：从千年老二到超越第二名60分 / 42

1. 数学危机：高三开局不利 / 42
2. 高考状元上不了北大？考试规律由不得任性 / 43
3. 从掌握公式开始：我这样拿下数学 / 46
4. 为什么用了错题集，还是一错再错 / 48
5. 偏科是个什么玩意儿 / 49
6. 数据说话：优等生与后进生究竟差别在哪 / 50

六、成为最年轻的"世界记忆大师"（上）：初涉记忆江湖 / 53

1. 梦想还是要有的，万一实现了呢 / 53
2. 记忆法是不是骗人的 / 55
3. 记忆法练习的三境界 / 56
4. 和成功的人在一起，你会更成功 / 57

七、成为最年轻的"世界记忆大师"（下）：成功后的反思 / 59

1. 掀翻三座大山 / 59
2. 只有苦练才能够出成绩吗 / 60
3. 机会垂青有准备的人 / 62
4. 会记数字就算大师吗 / 65
5. 如何看待记忆法？为何有人半途而废 / 67

第二篇 最强大脑是怎样炼成的 /71

- 一、你的记忆力怎么样 / 72

  1. 测测你的记忆力 / 72
  2. 你的记忆力能得几分 / 73

- 二、记忆的秘密 / 74

  1. 什么是记忆 / 74
  2. 记忆的三种类型 / 75
  3. 为什么会遗忘 / 77
  4. 我们需要什么样的记忆 / 78
  5. 记性和实际记忆力 / 79

- 三、记忆法三部曲之一——想象 / 80

  想象的秘诀 / 81

- 四、记忆法三部曲之二——编码 / 83

  1. 走近神秘的编码 / 83
  2. 编码的秘诀 / 87
  3. 编码碰到问题怎么办 / 88

- 五、记忆法三部曲之三——联系 / 89

  1. 联系三方法 / 89
  2. 联系的秘诀 / 90

- 六、联系三方法之锁链法 / 92

  1. 热身练习 / 93
  2. 锁链法怎么用 / 94
  3. 碰到问题怎么办 / 95

- 七、联系三方法之导演法 / 97
  1. 热身练习 / 98
  2. 怎样做个好导演 / 100

- 八、联系三方法之路线法 / 102
  1. 热身练习 / 102
  2. 怎么找路线 / 104

- 九、行走江湖 / 107
  1. 单挑北大女博士 / 107
  2. "郑公式" / 108
  3. 三人天团各自的担当 / 109
  4. 怎样进行复习 / 110

- 十、5分钟搞定一本书的神技——思维导图 / 111
  1. 传说中的思维导图 / 111
  2. 思维导图怎么画 / 113
  3. 两种典型的思维导图 / 115
  4. 如何用思维导图学习 / 117

- 十一、快速阅读记忆法 / 128
  1. 什么是快速阅读 / 128
  2. 快速阅读常规训练 / 130
  3. 我该怎么练快速阅读 / 140

第三篇 最强大脑的考场奇幻之旅 /143

- 一、秒杀单词：记单词是怎么回事儿 / 144
  1. 单词为什么难记 / 144
  2. 什么样的单词好记 / 145
  3. 郑才千单词记忆法 / 146

- 二、玩转数理化与数字 / 156
  1. 不背公式的公式学习法 / 156
  2. 突击公式的方法 / 157
  3. 记忆重要数据 / 159
  4. 记忆历史年代 / 160

- 三、语文轻松记 / 163
  1. 搞定基础知识 / 163
  2. 搞定古诗词 / 165
  3. 搞定现代文 / 167

- 四、世上只有两种题目（上）：搞定一对一题型 / 168
  1. 配对法与一对一题型 / 168
  2. 搞定一对一题型的通用步骤 / 169
  3. 中文记忆的核心——抽象词转化为形象词 / 169

- 五、世上只有两种题目（下）：搞定一对多题型 / 176
  1. 搞定一对多题型的通用步骤 / 176
  2. 路线法升级 / 178
  3. 司法考试和注会考试全搞定 / 191

第四篇

最强大脑的自我修养 /197

- 一、大脑保健：吃什么？怎么运动大脑 / 198
  1. 健脑食品 / 198
  2. 健脑运动 / 199

- 二、备考宝典 / 202
  1. 时间如何分配 / 202
  2. 大脑的保养 / 203
  3. 人体生物节律 / 206

- 三、钥匙又不见了——日常记忆 / 207
  1. 记忆钥匙的自我修养 / 207
  2. 妈妈再也不用担心我丢三落四了 / 208
  3. 你叫什么来着 / 208
  4. 怎么记忆电话号码、身份证号、银行账号…… / 216

附录1：记忆大师简版训练指南 / 219

附录2：数字表 / 221

附录3：复合字母编码表（部分） / 222

附录4：大数相乘的心算诀窍 / 225

附录5：未来的最强大脑们——学员学习体会 / 227

后记 / 233

第一篇

不明觉厉：我的故事

2014年1月3日，《最强大脑》第一季第一期播出，"脑洞大开"的脑力秀让观众们惊奇不已，魔方墙更是让众多有密集恐惧症的小伙伴"不忍直视"，我也被弹幕描述成"外星生物"。

那么，我怎么会去挑战这么一个难以想象的项目呢？在成长过程中，是什么造就了我的"最强大脑"？且跟着我走进我的世界……

一、我是《最强大脑》的"头响炮"

时间：2015年1月2日晚

频道：江苏卫视

> 蒋昌建："我想问（你）对《最强大脑》的哪些项目印象深刻？"
> 范冰冰："应该最让我印象深刻的是有一期那个魔方墙。"
> 蒋昌建："魔方墙？"
> 范冰冰："对！那个郑才千，我觉得他是天生的天才吧。"

于是，从当晚到第二天，我的微博、微信被朋友、粉丝们刷爆了，"冰冰女神夸你了哦""范冰冰说你才是真正的天才""范冰冰说她最喜欢你"……

我的思绪不禁回到了记忆中那令人眼花缭乱的魔方墙前，尤其是——

时间：2014 年 3 月 1 日

坐标：东经 118°46′，北纬 32°03′，中国南京

"往上，左边，再稍微往右……行，就这个红色！对面（魔方墙）是个蓝色！"

"我们有请科学助理来验证。"

……

"中国队暂时以 1:0 领先意大利队！"

我作为一名记忆选手，却在一个视觉项目上击败了研究此项目达几十年的视觉天才弗朗克，并为最强大脑中国战队赢得了首场国际 PK 赛，回想起来直到现在都觉得不可思议。那么，我又是如何走上这条跨界挑战的"不归路"的呢？

1. No zuo no die: 我爱挑战

节目中的魔方墙第一次是 45000 个色块，第二次即国际挑战赛上是 63000 个色块，虽然我在节目中成功地完成了挑战，但要发现几万分之一的不同，确实很难，如同国际评审罗伯特·戴西蒙所说：这个项目已经"超越了人类脑力的极限"。作为一个之前对此项目完全没有了解的人，我怎么胆大包天，敢挑战这个项目？"罪魁祸首"不得不说是《最强大脑》的导演。

2013 年春天的一天早晨，我接到了一个电话，自称是江苏卫视导演，邀请我在一档新节目中展示自己的脑力，接受脑力方面的挑战。没想到，这并不是我想象的一个普通的综艺节目，而是一个极其变态的脑力 PK 舞台！

接下来又有好几位导演与我交流节目内容，问我在脑力方面有什么特长和创意，我逐渐了解到这个节目的确不一般。在此之前也有很多综艺节目邀请我进行脑力秀，但是从来没有一档节目如此大规模地呈现各种堪称变态的脑力极限挑战。

在德国、西班牙、意大利等国家，这档节目都取得了极高的收视率。其空前成功的背后，是对项目、选手空前变态的要求。后来，我和一位导演在星巴克见了面，在一张表格上面填写了我的各种脑力才能：公元前 5000 年～公元 10000 年的万年历速算、《唐诗三百首》现场书本速记（读完说出内容对应的页码）、条形码识别记忆、二维码识别记忆、颜色记忆以及传统的数字、人名、词汇、扑克牌记忆等，末了我又加了一句："我喜欢各种新的、难的项目。如果有其他人解决不了的，可以和我讨论一下。"

正所谓"no zuo no die，why you try"！或许正是因为我表态喜欢新的、难度高的项目，让导演对我更有"信心"，对我——一个专注于学习技术的选手赶鸭子上架，接手视觉智力项目。

在准备接手魔方墙项目过程中，当然是有不少的曲折，但是比起做一个我熟悉的记忆类项目，我的收获实在太多太多！

可以说，在此之前我已经在太多太多的节目中秀了我的记忆力，在《最强大脑》当中再来一次，充其量是道具更华丽、难度更大而已。而记忆力不过是智力的基础组成部分罢了，观众可以品尝到一道记忆力的饕餮盛宴，而对于我自己最多只是增加舞台经验、锻炼心理素质。

而在接手魔方墙项目之后，那种惊人的难度、巨大的压力迫使我脑力全开，想出各种各样的解决办法。可以说，经历了这一次挑战，我对于我自己有了全新的认识！

所以，外面的世界更精彩！在遇到新挑战的时候，如果你能够承受失败的后果，那么你就应该勇往直前接受挑战。如果只做自己擅长的事情，一次次重复没有意义的胜利，这样的人与机器何异？人生就是应该活得更精彩！

2. 色块从 1800 个到 45000 个：魔方墙我来了

其实在那次见面之前，导演就已经和我提过魔方墙的项目，但是当时说只有 900 个色块，两面墙 1800 个色块。那后来提升 25 倍变成 45000 个色块，又是什么情况呢？这很有可能与传说中的脑力测试有关。

很多人都听说《最强大脑》的选手要经过严格的测试，过程也是众说纷纭。我也经历过这么一个测试，测试的题目确实与我之前见过的脑力测试很是不一样。

导演联系我之后，我知道会有一个测试，但是真正通知测试的时候却十分突然。我急匆匆地开始测试，一边做着测试心中一边嘀咕：我还没准备好呢，到底会测出来什么结果呢？我到底是不是个天才呢……在这样的忐忑不安中，我完成测试交了卷。虽然我感觉做得还不错，但是由于测试题中有"是否能表演孔雀舞"这样的"奇葩"题目，所以我也不知道最后结果如何。直到后来和北师大心理学院院长、《最强大脑》科学顾问团首席顾问刘嘉教授一起交流时才得知我的测试结果"智力非常全面，得分非常高"！

通过详尽的测试以及与刘教授的交流，正式确定了我的确拥有完成这项挑战的能力。节目组也松了口气，因为节目组前期的主要工作就是找选手，选手难找是这档节目的主要困难（第一季结束后一度说不做第二季，主要原因也在于此）。虽然最后的中国战队只有 12 人，但是其实通过新闻报道、综艺节目、比赛名单、选手推荐等各种途径，节目组的选手库有几百名选手。这些选手当中能记忆的非常多，但是魔方墙这个项目更多依靠选手的流体智力，而不是后天训练出来的编码记忆能力（比如记忆数字和扑克牌就是最典型的编码式记忆，后面我会详细教你如何做到），所以找对应的选手非常难，以至于一度把难度降低到了 1800 个色块。

现在终于找到了有能力完成的选手。既然能够完成，所以就直接看齐德国原版，上了 45000 个色块进行辨识。

跟着才千练一练

下面是《最强大脑测试题》当中的部分原题,试试看自己能否做出来。

5. 是否可以听完一句话后,立刻将其倒着背诵出来?如:昔人已乘黄鹤去,此地空余黄鹤楼。

   □ 是　□ 否

11. 是否可以在 1 分钟之内说出 50 种不同动物的名称。

    □ 是　□ 否

15. 是否知道以下两个问题的答案?

    1)神话传说中,龙的 10 个儿子叫什么名字?

    2)"五代十国"具体指哪些朝代?

18. 是否可以在无字幕无声音的情况下通过唇语读出电影中的对白?

    □ 是　□ 否

19. 是否可以说出下列国家的首都:也门、马耳他、刚果、摩尔多瓦、土库曼斯坦?

    □ 是　□ 否

24. 阅读书籍时是否可以一目十行?

    □ 是　□ 否

29. 考试时,是否总是比别人先完成答卷?

    □ 是　□ 否

36. 是否可以在 30 秒内画出下图从入口到出口的路径?

    □是　□否

46. 是否可以根据书的气味来判断这本书有人读过与否?

　　□ 是　□ 否

54. 是否能表演孔雀舞?

　　□ 是　□ 否

3. 智力可以后天改变吗：流体智力和晶体智力

在这里我们提到了一个很重要的概念：流体智力。美国心理学家雷蒙德·卡特尔把智力区分为流体智力和晶体智力两类。这是一个很形象的说法，流体智力就像流体（气体和液体，比如氧气和水），如知觉、记忆、运算速度、推理能力等。它可以渗透到人们的各种智力活动当中去，流体智力高的人简单说就是：做什么上手都特别快，很有悟性。

比如前面的测试题就从各个方面测试了我们的脑力。第15题与第19题显然是测试长时记忆能力，这是我们智力的一个重要基础。即便是一些所谓的"理工科"研究也必须在掌握大量理论和事实的基础上进行。第11题和第24题则是考验我们的思维速度、理解速度。我们俗话说的脑子比较"快"其实就是指这个了。第36题是检测我们的空间思维能力。《最强大脑》第二季的"蜂巢迷宫"这个项目则是这道题目的"变态"版本！第46题这种题目很多时候能否做到是天生的，它需要依靠我们脑力的"敏感性"，视觉、听觉、触觉、嗅觉、味觉等等，有的人天生"神经大条"能否完成呢？其实从性格来讲，估计要完成会比较困难。不过，如果相关脑力已经达到了一定的水平，经过心态的调整之后也是没有问题的，关键还是在于有没有这样的能力。

晶体智力则是一种像晶体一样可以不断生长的智力，它主要指技能、语言文字能力、判断力、联想力等。它可以通过不断训练，吸取前人经验、技法等来提高，一般所谓的勤能补拙、熟能生巧就是指晶体智力。

在一个全新的领域，没有那么多经验套用，没有那么多现成的训练模式。如何判断一个人能否做成这件事？只能依靠流体智力。

那是不是有了好的流体智力就万事大吉了？并非如此！如果没有事先研究魔方墙的原理，直接让我上场，就算流体智力再高，我也不可能挑战成功。

在现实生活当中，很多时候起到关键作用的不是看起来很"炫酷"的流体智力，而是很"朴实"的晶体智力。

比如说我们每个人都要经历的各种考试，这些考试不是让人"密集恐惧"的魔方墙，这些考试考查的知识点、考查的方式，早已形成了规律，有大量题目可以操练。只要你科学训练，掌握了知识点和解题思路，题目就可以迎刃而解。反之，一个智商很高但是没有学过解析几何的人，你给他双曲线方程，他肯定解不出来。

智力是否可以后天改变？勤能补拙是真的吗？关于这个问题众说纷纭。专家说大家智力没有什么差距，考试能考多少分取决于个人努力。然而，那种学得比你少，考得比你好的人又确实存在！这到底是怎么回事？

事实是让谣言消失的最好办法。不得不说，某些专家的确欺骗了我们。人的智力的确有区别，而且一个班里面就有很大的区别。我们以门萨的标准做个简单的运算就可以得出结论。门萨的官方文件显示，入会要求是全球智商排名的前2%，换算成智商分数是148。那么，也就是说平均50个人当中就会有一个智商在140分、150分的人，而正常人的智商是100，很多班级的人数正好是50个人左右。事实就在眼前，大家的智商说到底是有区别的。

然而，智商高考试成绩就一定好吗？如果这个人没有把他优秀的流体智力应用到学习上，关于考试的晶体智力没有增长，他的成绩也不可能好。所以，你看到的他也只是不"怎么"学习，并不是完全不学习。

所以，那种"聪明劲"是上帝给的，你后天想要去"勤能补拙"是不可能的。但是，决定考试成绩的不是这个"聪明劲"，而是你对考试规律的把握。你智商高当然有助于你去把握这个规律，但是两者不能画等号。如果不去努力，这种聪明只能去做做无聊的智力测试题。如果你愿意去找方法，当然也可以把握规律，考出高分！分清楚了流体智力与晶体智力，你才不会听专家说完之后以为明天就能秒杀第一名，也不会看到别人不怎么学习还考得好就灰心丧气。

4. 坚持魔方墙项目：有勇气才有资格成功

虽然已经经过了专业的测试，但是其实节目组一直有点担心我能否完成这个变态的项目。听我这么说，大家可能觉得有点不可思议，毕竟后来节目中，我看起来是易如反掌地完成了。而且，那么专业的测试都通过了，还有什么担心的呢？为什么当时有这么重的"悲观情绪"呢？罪魁祸首还是"坑爹"的德国人。德国制作方声称，他们挑战魔方墙的选手能够看出 45000 个色块当中变动的那一块是由于一个神秘的原因——天赋异禀：他从小眼睛就与常人不一样，所以才可以分辨出几万分之一的不同。言下之意，你们的选手要是没有这个特殊眼睛构造，估计就呵呵了。我听了这个说法之后啼笑皆非：我身体健康还成障碍了？这是《最强大脑》，不是《最怪眼球》！因此，虽然大家都认为项目难度非常高，成功率非常低，以至于有段时间节目组问我要不要换一个项目。但是我觉得既然接下来，绝不可以轻易认输，难度越大、越新鲜的项目我越是喜欢。失败就失败，坚决不换项目。

才千老师有话说

节目播出之后，我迅速成为焦点，成为最强大脑的代表人物。有些人想要炒作自己，说"魔方墙我也会，so easy"！（这个还是很难，魔方墙搭建非常困难，每次都是在节目录制的前几天才搭好，搭好马上用薄膜封上，防止其他人取魔方下来。录制完就马上拖走，其他选手根本就没有看的机会。）甚至时隔一年，在第二季的节目中，范冰冰谈到她印象最深刻的项目时也说是魔方墙，认为我是"天生的天才"。而在第三季节目现场，郭敬明也表示魔方墙项目给他留下了深刻的印象。

但是，我跨界玩魔方墙，风险是很大的。如果我当初没有坚持做这个高风险项目，而是为了保稳，去做一个熟悉的记忆项目，也就不会有这样空前成功的效果。没有勇气的人也没有资格去享受巨大的成功！

我们在学习上也是如此，小学、初中、高中、文科、理科……学习阶段不同，要求也不一样。小时候，记忆力稍微好一点或者勤奋一点，考试时细心一点就会有个不错的成绩。到了高年级，要求不一样了，很多人会不适应，成绩下降。这个时候，我们就需要有勇气转换方法。然而方法的转换不是那么容易，刚开始的时候会有一个不适应的阶段。比如有人刚开始学习记忆方法时会觉得，"我原来读几遍也能够记下来，你这还要编码、还要转化、还要地点，怎么这么麻烦呀？怎么感觉记忆速度反而变慢了？"甚至还有周围的同学、老师会否定你：你这个什么乱七八糟的？思维导图？怎么跟鬼画符似的？你学记忆方法了？怎么这次考试也没有什么变化……其实这些都是学习新方法过程当中非常自然的现象，等到熟练之后，他们见到你只有"哇"！就像刚学骑自行车的人，别提比走路、跑步的人快了，能不摔下来就算不错了，但是当你学会骑车之后谁更快我们都知道！

现在，已经有包括我在内的无数"骑车人"在前方等着你，拿出你的勇气上路吧！

5. 追星也可以是你成功的动力

我在《最强大脑》中说过一句话"我做某件事情它一定会成功"。在准备魔方墙项目时我也是这么坚信的，毕竟这个项目和其他项目不同，没有办法进行事先的练习。有的项目尤其是记忆类的可以进行完全一样或者类似的练习，而魔方墙不一样：这是一个量变引起质变的项目，"找茬"本身并不难，难的是在这么大的面积上找。而我自己不可能制作魔方墙，所以，在上场之前我不停地给自己打气。李小鹏曾经在阿纳海姆世锦赛上成功完成了平时训练中从来没有成功的动作"李小鹏挂"。但我是根本没办法在家进行魔方墙的训练。所以,风险非常大,能够提供成功保证的只有我的脑力。

出于对魔方墙项目节目效果和我的信心,节目组决定让我和乐坛"天王"周杰伦、IT"大神"李彦宏搭台,合力打响至关重要的"第一炮"。我知道之后,也非常高兴,决心不辱使命!

挑战开始了,首先是陶晶莹为我选变化的色块。当坐在椅子上开始准备时,我一面告诉自己一定会成功,另一方面也有些许犹疑:面对这么大的魔方墙,我应该怎么样才能最快地看出来,我想的那些策略会有用吗?

随着蒋昌建老师的一声"请上挑战位",我快步走到魔方墙前。眼前的魔方墙非常大,色块非常密集。时间一秒一秒地过去,我有些着急,眼睛也有些疼痛。蒋昌建老师问我要不要放弃,因为我有三次机会,成功两次即可,我知道我追求完美的个性不允许我第一次就放弃"治疗",我坚定回答"不放弃"!我闭眼几秒钟稍作休息,又重新搜索这 45000 个色块。有了,我心中一惊,再次确认两边的颜色。"我看到了!"全场都在惊叹和欢呼,魏教授和陶晶莹都瞪大了眼睛,虽然我还在看着魔方墙,但是热烈的气氛浸染了我。"往上,继续往上,往左,往右……就是这个!"当科学助理详细比对答案的时候,大家再次欢呼。

第二次,是我喜欢了十四年的偶像周杰伦为我出题。杰伦一上台,现场都沸腾了。杰伦说他要背过身去随便指一个色块,我想这是上帝与杰伦为我选择的色

最强道具魔方墙：周杰伦在给我出题

块，这一次要干得漂亮。上挑战位之后，我马上开始感知变化色块，有了前面的经验和成功一次的心理保障，我这一次非常迅速地就看到了变化色块。梁冬大声感叹："太快了！"这标志着我的挑战完全成功了。蒋昌建老师非常兴奋，激动地扔掉了台本。

才千老师有话说

很多人和我一样，在中小学时代都有自己喜欢的偶像，并为之痴狂不已。很多家长因此十分担心会影响学习，对此大加阻拦。偶尔出现的杨丽娟式疯狂追星、家破人亡的新闻更是让很多人对追星族一棒子打死。

其实，新闻报道总是要抓人眼球。比如，个别的名校毕业生、高考状元的个人发展不符合世俗的价值观，媒体就大谈分数无用论，而事实上大多数成功人士的在校成绩都非常棒。同样，大多数追星的同学，只要适当引导，对于其学习反而是有好处的。

在得知偶像周杰伦要来和我一起录制节目之后，我心中取胜的信念更强了，当他为我挑选色块的时候，我也因为兴奋而少了许多紧张，从而有了更好的发挥。

另外，喜欢周杰伦还是 TFBOYS 或是李白、莱布尼茨并没有什么高下之分，喜欢偶像就要去学习偶像最棒的那方面。比如，很多"魏神马"就立志要考到北大见魏教授，这其实就是非常正面的激励。

最后加一句广告：考上人大的小伙伴，我请你吃饭呀！

6. 迎战终极 BOSS：消除未知，消灭恐惧

虽然，在大家看来我两次挑战魔方墙都成功完成。但是，在中外对决的时候我心中却十分忐忑。因为，两次挑战时的局面有很大不同。

在完成第一期的挑战之后，从项目难度来看，我不太可能在后面的卡位赛中被淘汰。所以，编导让我"想想中外对决的项目，准备一下"。本来准备的项目并不是大家在 3 月 14 日看到的 63000 个色块的魔方墙，而是——唇纹识美女。顾名思义，就是记忆女孩儿的唇纹然后根据唇纹来对应每一个人，这是一个类似于指纹、虹膜的项目，只是难度更高。

我听说了这个项目也只能是"想想"，总不能上大街上拉女孩子印唇纹给我。

然而，人算不如天算，我与这个香艳的项目注定有缘无分。

2 月份我接到了江苏卫视的电话：

"才千，跟你说一个事情啊，中外 PK 的时候你还得上魔方墙。"

"啊？不是说记忆唇纹，整记忆类项目吗？"

"没有办法啊！是这样的，我们邀请了意大利、德国、西班牙三个国家每个项目的最强选手前来 PK，但并不是每个选手的档期都能够匹配上。所以，只能是看对方来什么人，我们这边再去匹配相应的中国选手。外国魔方墙选手有档期，那只能你上去 PK 魔方墙啦！"

就这样，我临危受命再一次出战魔方墙。

这一次，我比上次要紧张很多。一方面，这次的魔方墙从 45000 个色块增加

到 63000 个色块，对我的视觉空间智力是一个新的挑战。更重要的是，这一次不是做好自己就可以，而是要两人 PK，对手是德国、意大利、西班牙三个国家中魔方墙项目的最强选手弗兰克，他速度非常快，而且研究视觉已有几十年，可以说是这个项目的终极 boss。据说对于魔方墙上面任何位置的任何色块变化，他都毫无压力，并且没有什么难度上面的区别。这一点相当吓人，除了贴吧里面无所不能的"简单帝"之外，还没有人说过这样的话。弗兰克可不是贴吧里面的键盘侠，他到底是虚张声势还是过于自信还是真的这么"逆天"？我尽管上一次挑战成功，但是毕竟算跨界过来玩的，遇到这种武林前辈会不会被一掌拍死呢？

时间一天天过去，中外 PK 赛终于来了，我见到了这个传说中的终极 boss。

由于初来乍到，弗兰克要求熟悉一下道具。于是我也跟着弗兰克一起看了这个 2.0 版的魔方墙。第一期的魔方墙是 35 位魔方操手用了 5760 分钟才搭好的。而这一次的魔方墙更加难搭，以至于当时弗兰克和我看魔方墙的时候，魔方墙还没有搭好，上面有不少错乱的地方。我还顺便帮道具师纠正了。弗兰克或许是因为语言的关系，没怎么说话。我心中更加紧张，希望能够和他多点交流，看看是不是真的那么"逆天"！

才千老师有话说

相传古时，中东爆发了一次战争，很多人做了俘虏。俘虏他们的是一位仁慈而睿智的将军。在对俘虏们执行死刑时，他会给他们两种选择：一种是立即执行死刑，一种是通过一扇神秘的大门。一开始俘虏们会选择进入大门，而当颤抖的手伸向钥匙时，他们会害怕，对未知的恐惧让他们无力承受。俘虏们最终都选择了立即执行死刑。将军无奈地说，我已给了机会，可他们放弃了。副将问：那扇门的后边是什么？将军答：什么都没有，走出去就是自由。但是他们都没有勇气面对未知的未来，这么久了，我还没看见有一个人通过那扇门的。

我们的恐惧很多时候都是源于未知，因为不知道前方会发生什么事情，所以会感到无所适从，对自己也会非常不自信。正如罗斯福所说："我们唯一恐惧的就是恐惧本身。"在对弗兰克不了解的时候，我听说这个魔方墙宗师要和我对决，心中压力空前巨大。

我们面对各种考试、检查之所以会紧张，很多情况都是因为"心中没底"。但是和我挑战魔方墙时不一样，面对已经形成固定流程、有固定考查范围的考试，你有很多方式可以详细了解。只要你很好地掌握了考试的规律，你心中自然就不会有恐惧，就可以更好地发挥自己的水平。

7. 相信自己，一切"反动派"都是纸老虎

正式录制之前我们进行了彩排，我和弗兰克互相出题。由于不清楚敌我实力对比，我故意示弱。但是，老外也并不是那么坦诚，我给弗兰克出了一个毫无难度的题目，他看了半天居然说没有看出来，令我大跌眼镜。不过，弗兰克毕竟是前辈，尽管互相放水，他还是从某些细节当中感觉到我这个毛头小子不好对付，他还向节目组提出某些颜色之间不能互换，否则没有办法找。我听说之后感到无力吐槽：这也可以？之前导演告诉我，弗兰克说对于魔方墙上面任何位置出现的任何色彩变换，都毫无压力，难度没区别，so easy！当时给我吓坏了：这也太变态了吧！位置、色彩不同，难度能差好几个数量级！没想到今天却提出了这样的要求。这样一来，我心中却有底了：没有到一定难度，他是不会提出这样的要求的。他之前的霸气宣言只有两种可能：虚张声势或者根本就没有弄明白这个项目的特点是什么，虽然他已经研究了好几十年。不管是哪种情况，正如刘嘉教授所说，以我的实力赢得这次PK是没有问题的。

当然，对于弗兰克的要求节目组是不会同意的：最强大脑就是要挑战极限脑力，如果难度有限制，还是最强大脑吗？于是弗兰克提出要熟悉一下魔方墙，自己练一会。我见可以练习，非常高兴。本着公平公正的原则，我也得到了同样的练习机会。

练习当中我短则两秒，长则两分钟可以发现一处不同（为什么会相差这么多？正如前面所说：因为魔方墙面积太大，现场灯光不均匀，所以不同位置、不同颜色的变换，难度相差极大。这与电脑屏幕上面的"找不同"游戏或者后来推出的"魔方找茬"游戏完全不是一个概念）。而比赛中要求是8分钟找出3处不同，我心中基本有底了。

在稍作熟悉之后，我们进行了第二次彩排。当我们从备战区走出来之后，蒋昌建老师问我对于一会儿的比赛有什么看法，我当然要表决心，"我会向世界证明，火眼金睛只存在于中国！"然后，蒋老师问弗兰克："他觉得他肯定会赢，那你认为呢？"弗兰克抿了一下嘴说："我也觉得他会赢。"我又一次大跌眼镜：原来在对手表决心的时候还可以这么回答，真是新技能get！然后，我们又互相出题，我还是放水："看不到，找不着。"弗兰克也是只挑了一个，其他非常简单的也故意不说。看来弗兰克也是比较紧张，不愿意暴露真实实力。

结束之后编导还有点紧张："你是诓他的吧？不是真看不出吧？""你懂的。"我微微一笑。

才千老师有话说

在当初听到"无论任何位置、无论任何色对变化，在难度上面都是一样的"的表述之后，我着实是被吓到了。

但是，正所谓"事出反常必有妖"！无论一个人的视觉智力多么强大，色彩不同对于眼睛的光学刺激肯定是不一样的，就好像数学考满分的人做压轴题和"1+1等于几"的题目，肯定也是不一样的感觉，所以难度没有区别是违背科学规律的。确定这一点之后，我就更加相信自己的实力，处于比较轻松的状态了。

我们在学习上也会遇到很多困难，但是即便是再困难也有它的规律。比如，当你遇到一道题目貌似用你已有的知识没有办法解答的时候，你就要怀疑你自己是不是进入题目设置的陷阱当中。因为，正规考试中题目的解题方法肯定是课本中提到过的。

所以，当我们遇到困难的时候，无论是在考试还是在平时学习中，大家一定要相信规律、相信自己，找到合适的方法，肯定能够取得胜利！

8. 凡事都有定数，成功常常出现在你快要绝望时

第二天，中外 PK 赛正式录制开始了。我和弗兰克是第一对出场，蒋老师抛掷硬币的时候我心中希望能够让我先挑战，这样我可以少一些压力，但结果出来是弗兰克先挑战。

我选取了难易搭配的三个色对，位置上面也是中心和边缘搭配。选完之后，弗兰克开始挑战，我和蒋老师旁观。时间一分一秒地过去，弗兰克一个都没有看出来，他开始变得紧张。突然，弗兰克拍下按钮——他看到了。我赶紧看他怎么给科学助理位置指示，看了一会儿我基本确定他应该是瞎猜的。不一会儿，他确定了最终色块，我一看，果然不是我变动的色块。在科学助理去验证的时候，我在脑海中分析了一下局面，基本确定我会赢。

为什么我这么自信？因为这是可以自己验证的项目，在确定了可能的变化色块之后，自己可以通过视觉直接进行对比验证，根本就不需要科学助理再去拿着魔方验证。而且，在看的时候，一旦锁定了可疑色块，这个色块是否变化就可以很明显地看出来。根本就不存在失误率！所以，弗兰克此刻"误报"只有一种可

能性——拖延时间。因为理论上，选手可以开始之后马上拍下按钮，然后一直找，找上几小时。或者，无数次拍按钮，然后乱找。因为"找"的时间是不计算的。由于弗兰克在彩排时有这种乱拍乱找的倾向，节目组为了防止这种玩弄规则的行为出现，后来就在魔方墙上面加了1~7、A~E的区间，拍下按钮之后必须报出区间，并且区间不能改动。

现在弗兰克采用这种"误报"的策略，显然是已经到了绝境。时间本来就已经只剩下一小半，在这种心态之下，弗兰克不太可能再找到色块了。

果然，弗兰克后面又接连多次"误报"，最终无功而返。这完全印证了我对于项目和对手的科学分析！我知道胜利已经向我走来！

现在轮到弗兰克给我出题，我心中却一点也不轻松，取胜可能性虽然有了，但是我希望能够迅速找到全部的变化色块。

不一会儿，弗兰克确定了需要变化的色块，蒋老师问我："你准备好了吗？"

"准备好了！"

或许是求胜心切，时间一分一秒地过去，我却一直没有发现变化的色块，原定4分钟解决全部3个色块的计划看来没法实现了，我心中不禁有些着急。我问："能暂停一下吗？"因为我们在看魔方墙时眼睛是不会眨的，而普通人基本6~10秒就要眨一次眼，所以8分钟不眨眼是不太可能的，节目录制之前我就提出是否可以中场暂停一次（这个时候当然是要背过去不能继续看魔方墙的），编导没有反对，我晚上想再问一次，但是录节目事情非常多，也没顾得上。而现在，我的眼睛实在是受不了了，我也不想乱拍，只能叫暂停。虽然还没有听到评审们是否同意，我就赶紧背过去闭上眼睛。不一会儿，蒋老师说："不可以，不可以暂停。"我赶紧转过来继续看魔方墙，心中紧张到了极点——刚才的计时器一直没有停，我等于在用看魔方墙的比赛时间休息，这么任性的行为，我也真是醉了。

或许是刚刚休息过状态恢复的原因，我很快就发现了不同，为了不出现所谓的"误报"，我又确认了一下。Bingo！我赶紧去拍下按钮。或许是因为之前的挑战，我每次都准确说出变化色块，大家对我很有信心，见我拍下按钮之后，大家都起立欢呼。

"往上，左边，再稍微往右……行，就这个红色！对面（魔方墙）是个蓝色！"我离开计时器，走到魔方墙前，有条不紊地指导科助找到变化色块。科助取下魔方去验证的时候，我开始按摩眼睛——我知道，我找的肯定是对的！果然，不等科助宣布，观众的欢呼声告诉了我一切。现在比分是1∶0，我已经赢了。所以，蒋老师问："你还要继续吗？"我想了一下，虽然我已经赢了，但是现在直接结束未免太不尊重对手，于是我决定继续挑战。

在时间快到的时候，我发现弗兰克在我曾经出题的位置旁边变化了色块，我有点不敢相信。想了想，还是没有去拍按钮。

时间到了，答案揭晓，还真是在那儿进行了变化，我之前就担心弗兰克会copy我的出题方式，但是又觉得这么做风险太大，没想到他还真的这么做了！毕竟弗兰克是这方面的前辈，远道而来与我切磋，咄咄逼人也不是太合适，或许我当时的犹豫是上帝的安排。不管怎样，我还是为中国队赢得了重要的第一战！四轮对决之后，国际评审罗伯特·戴西蒙宣布我的魔方墙是全场最难项目，关键时刻还要依靠我的项目来决定胜负，我非常庆幸自己赢得了比赛。

这次对决当中最惊心动魄的时刻就是我"任性"暂停休息的那几十秒。当听说不能暂停，时间一直在走的时候我整个人濒临绝望：之前一直没有看出来，现在浪费了几十秒，下面怎么办！不过，我没有时间去宣泄情绪，马上就投入到了下面的比赛。很快，我就找到了变化的色块。

如果我被"浪费时间"困扰，情绪失控，那么难的挑战能否完成真的很难说。所以，我们在学习以及其他事情上，无论何时都不要放弃，只要坚持努力就有成功的可能性，濒临绝望之时往往就是成功快要来临的时刻。正如马云所说："今天很残酷，明天更残酷，后天会很美好，但绝大多数人都死在明天晚上。"在后面学习记忆方法的过程当中，我们会遇到很多困难，会难以进步甚至退步，这个时候往往是遇到了瓶颈期，如果你不放弃，就能产生质的飞跃！

二、我的小学：天赋异禀真的只是"天"做的事情吗？

在《最强大脑》播出后，很多观众觉得我的挑战太过变态，戏称我为"外星人"。但是我的大脑与大家并没有质的区别，并且我的学习过程也不是一帆风顺，我的求学之路也并不那么平坦……

1. 背诵能力需从小抓起

不谦虚地说，我在小时候就已经显露出很高的智力，见过我的人无一不称赞我的聪明，用所谓的天赋异禀来形容并不为过。然而，天赋异禀真的只需要"天"就可以了吗？是否意味着等着天上掉馅饼，自己就什么都不需要做了？

不可否认，上帝赐予我们每个人的天赋的确是不一样的。如同外貌有美丑，智力也有高低。但是，我们在出生之后，智力并没有完全定型。直到大学时代，我们的大脑发育才基本停滞，最近甚至有研究称要到 30 岁之后。因此我们的大脑有着极强的可塑性。

人类的脑力，无论是记忆还是计算、推理，其实也都是一种技能。每一种技能都需要一定的训练，一般来说这种训练都是年龄越小越好。在这里我特别感谢我小学的王老师。我们当时使用的是苏教版的教材，语文课文后面都有相应的要求，是背诵、复述还是仅仅朗读。但是，王老师每一篇都要求我们背诵。虽然我背书很快，但是背诵也绝对没有玩玻璃球好玩，我当时心中对背诵也是颇有怨言的。然而现在回想起来，如果没有小时候的"童子功"，我日后的脑力基础恐怕不一定那么好。在当时的"残酷"训练之下，我的记忆能力越来越强，我清楚地记得第 27 课《无人售票车》一文大概 500 字，我只读了一遍就背了出来。其实我在刚开始的时候，背书的速度也只是稍微快一点而已，但是由于老师的"高压政策"，经过不断锻炼，我的记忆速度越来越快，才能够达到后来课文过目不忘的功力。这个功力也成为我自身记忆能力的一部分，虽然后来的老师没有那么多的背诵任务给我，但是我的背诵能力依旧保持。而在其他人看来，我生下来就是个照相机，看完了就能背。

在三年级的时候，因为学校建制改革被撤销，我去了另外一所学校。四年级的时候，这样的事情又发生了一次（虽然我不喜欢上学，但是"毁灭母校"这事情真不是我干的）。因此，我接触了很多其他学校的同学。当我们交流的时候我发现：我们原来学校的四个人（是的，原来的学校只有四个人）的背诵能力整体上都强于其他学校的学生。这充分说明，无论你是天赋异禀，还是智力平平，在青少年期进行适当的训练，都能够在你原有基础上提高你的脑力！所以，我们小时候的背诵训练是非常重要的。

2. 我怎么看待"读经热"

最近，青少年读经非常流行，我认为不仅要读经更要背经。至于内容是《老子》《庄子》还是《圣经》《哈姆雷特》可以自己选择。但是，一定要进行背诵。我们可以进行一个简单的对比，古代过目不忘、知识渊博的人层出不穷，就是近现代也有刘师培熟背《十三经注疏》、茅盾倒背《红楼梦》等佳话。现在，我们的教育条件、营养供应等都比那时候好很多，为什么现在反而出不来这样的人呢？一个重要原因就在于那时的私塾教的是四书五经等经典，现在的小朋友却都在学儿歌。看过四大名著的人都会发现，古代人说话也不是四书五经中的那种文言文，所以刘师培、章太炎等大师小时候学习四书五经也是有理解上面的困难的。他们可以学，为什么我们现在就不可以？事实上，即使成年人看《老子》又有几个真的读懂？正所谓"熟读唐诗三百首，不会作诗也会吟"，儿童的大脑储存大量经典，一来记忆力得到了锻炼，二来成年之后他去理解这些经典比那些第一次接触经典的人有极大的优势！

八岁之前是智力发展的关键阶段，这个阶段把时间花在一些成年之后看起来很无聊的内容上有点浪费时间。对于大多数人来说，年龄特别小的时候根本玩都玩不明白。和我差不多大的人小时候应该都玩过玻璃球，现在想想看，玩玻璃球固然是个美好的回忆，但是值得花那么多时间吗？玩耍当然非常重要，我一直很反感把学生教育成为书呆子。但是，小学作为为以后记忆能力打基础的阶段，尤其是在小学毕业后就面临激烈考试竞争的情况之下，对于大部分人来说（天天玩还考第一的人绝对存在，但有几个呢？）是不是应该多花时间在记忆和有效学习上？

3.思维提速：你的能量超乎你想象

在上课的时候，我还有另外一个特别的习惯就是喜欢先举手再思考问题，这个习惯的形成非常有意思。由于我上课十分喜欢回答问题，所以总是举手。但是老师不能总是让我一个人回答。所以，但凡我不是第一个举手的，老师总是会把机会给其他同学。面对这个情况，我非常着急。于是想出来一个办法，就是题目一出来我就举手回答。然后利用老师叫我和我从座位上面起来的 5 秒左右的时间迅速想出答案。

我并不是红牛的代言人，但是我们的思维能力经过锻炼的确可以达到我们自己难以想象的程度。之前我思考问题本来就是比较快的，不过还达不到看到问题就出结果的程度，但是经过一次成功的冒险之后，我的思考速度越来越快。我们自身拥有很多自己没有认识到的能力，很多学生跟我上完第一节课之后都难以相信自己一下子记住了 100 位数字，而事实上大多数人都拥有这个能力，只是我们自己没有发现。

  天赋只是给了我们一个基础，无论天赋高低，其实大部分人都没有很好地发挥自己的脑力。你的脑力究竟能够发挥多少，很多时候取决于后天的训练与方法。

  思维提速听起来很神奇，其实方法很简单。其中一个就是利用思维导图，快速发散思维。这个本书后面有讲到。另外，就是快速抓住问题的关键点。小学时候有一种题目非常典型，叫作"行程问题"。比如 A 地到 B 地有 15 千米，小红从 A 到 B 步行，每小时 3 千米，小明从 B 到 A 步行，每小时 4.5 千米，他们同时出发，请问两人多久之后相遇？这个例子是最简单的一种情况，实际的题目要比这个复杂很多。但是，有一条规律是不变的，就是只要题目当中出现了"每"这个字（这就是关键点了），基本上就需要使用除法来解决，比如此题显然为 15÷（3+4.5）=2 小时。所以，只要一听到"每"，马上在大脑当中放上除号，准备运算！老师题目一说完，当然我的答案也就出来了。为了读者们容易理解，所以选取了小学的例子，其实我们稍微想一想就会发现，生活、学习当中很多问题都是如此，只要确定关键点，马上解决方案就出来了。

三、我的初中：找到自己的路

人生的道路很难一帆风顺，我也是一样。初三的时候，我就遭遇到了挫折。我的初中读了两个，初一初二是在镇上的初中，初三是在市里面的一所省重点。两所中学的氛围非常不一样，尽管小学我已经适应了换学校，不过这一次的差别实在有点大……

在这种新环境中经历了无数个纠结、迷茫的日日夜夜，我才发现：学习的道路每一个人都不一样，找到自己的路才能更快到达彼岸！

1. 从第一名到排名倒数：省重点给我当头一棒

我的初中是在镇中学读的，当时我的成绩一直名列前茅。但是，由于我在小升初当中考出了全县前几名的成绩，所以我一直觉得市里的省重点才是最好的、最适合我。

很快，机会来了。之前在镇中学工作的江老师在一次监考时对我的答题印象深刻，后来她工作的省清浦中学恰好要从基层中学选拔一批优秀学生备战中考，于是她就想起了我，鼓励我去参加这次选拔。能够去市里面的省重点上学对于我来说求之不得，于是我就痛快地答应了，并且顺利通过选拔。

然而来到这里之后，我发现自己"很傻很天真"。在我的印象中，"更牛"的学校应该有"更牛"的方法，学生成绩才容易上去，因为学习本身应该是很轻松的。但是，理想很丰满，现实很骨感。除了我之外，其他进入这个特招班的学生都像打了鸡血一样学到深夜，然后凌晨又早早起床。而我之前在镇上的初中是什么情况呢？每天早上都要迟到，中午回去看《金粉世家》，看到快上课了，狂蹬自行车去上学。晚上7点多就下晚自习了，又是狂踩自行车赶回去看《青春的童话》。平时作业基本不做，老师因为我成绩好也从不怀疑，偶尔检查力度比较大的时候就找个同学抄一下，所以到了这边我一下傻眼了。而且，这边的教学进度又比我们原来快了一个月。于是我感到了严重的不适应。但是当时心中还暗存侥幸：哥从小都是这样不务正业，也没见成绩差过，大家大路朝天各走半边。

　　现实很快给了我当头一棒！第一次月考，第一名不是我，第二名不是我……我是多少呢？中等偏下！月考用的是我们市最好的中学的卷子，难度确实很高。但是，我们班的第一名150分的数学卷居然考了149分！事实证明，这里的教学资源确实与我之前接触到的不一样，认真研究、练习的确是有效果的。我想他们能熬夜，我也能！我本来就是精力旺盛成天睡不着觉的那种，熬夜谁怕谁啊！于是我也开始和他们一样放学之后继续自习到9点、10点，熄灯之后去卫生间（那边一直开灯）继续学。毕竟我之前是熬夜看《男生贾里》《小丫林晓梅》《萧十一郎》，现在看的是《全国初中生数学奥林匹克竞赛真题详解》。我看了没有一会就犯困，但是看看第一名还在这边学习，自己有什么理由回去睡觉呢，于是又咬牙坚持。这样其实书并没有看进去多少，睡眠时间却实实在在延后了，变成了一个恶性循环，早上更没精神了，连听课也昏昏欲睡。我第一次知道上课睡觉是什么感觉，那也是我第一次知道原来午睡还是有必要的。白天犯困，晚上熬夜希望补上课程，第二天白天更困……在这样的一个恶性循环下，我感觉越来越累、成绩越来越差，已经快要进入倒数top20的行列。可以说那段时间是我学习生涯最痛苦的时候。

2. 上重点中学一定好吗

虽然国家在大力改革，但是重点中学、重点班是不可能完全取消的，大家也都在削尖了脑袋往里面挤。不过这里面存在一个问题，诚然，重点中学、重点班的升学率确实高。但是比例是对大家而言的，你只有你自己的百分之百！比例是在不了解情况的时候用的，家长对于孩子、自己对于自己可以说非常了解，这个时候就不能随大流了，这是非常不负责任的行为。

不同的人有不同的学习风格，不同学校有不同的要求，这个风格和要求互相配合起来才能够发挥出最大的效果。有的学生适合高压管理，有的学生"放任自流"才能发挥出上佳水平（这种学生高压管理也可以出成绩，但是需要时间适应）。和衣服搭配一样，都是好看的衣服，搭在一起反而可能看起来怪怪的。

而且，除去北京、上海的一些超级高中，没有任何一所学校能保证所有学生都考上名牌大学。所以看起来每年那么多学生被名校录取，但是你进入那所中学之后能否成为那其中之一呢？

以下是江苏省最牛的高中之一——南师附中的2014年高考录取结果（国内部分合计毕业生499人）。

985高校	211高校	普通本科	三本	专科	港台高校
189人	111人	164人	24人	4人	7人

我们可以看到有半数以上的人进入了港台高校、985高校、211高校，这个成绩单可以说很耀眼了。但是你别忘了，南师附中拥有面向全省择优招生的权力（只有极个别学校有此权力），因此他们高一录取的都是全省的尖子生！可以说这里面即便是高考录取为专科的学生，在当年中考的时候也是顶级学霸！你告诉我，有哪一所学校差到全体学生里面连一个分数超过专科录取线的都没有？

这位专科生如果当年去了一个普通一点的重点中学（他中考时是顶级学霸，不可能去普通中学），正常来讲，考一个211大学是不是应该问题不大？而现在，一位曾经的顶级学霸在顶级重点中学最后考了专科,难道没有老师不够重视、竞争压力过大影响心态的原因?

有的学校或许一年考取名校的有五十人,有的学校或许只有五个人。但是,无论是五十分之一还是五分之一,到了你的身上就是百分之百!适合你的才是最好的!

3. 学习的 style:自己的节奏是最呀最摇摆

在这段时间,还有同学聊天时挖苦我:"你以为你智商能和××相比?"我心中气愤极了,成绩就能代表智商吗?但是,我这样学得很"认真",成绩却又不好的,不就是我以前眼中的笨蛋吗?是啊,就好像你用力举杠铃却没有举起来,不就是你的力气小吗?我知道我的智商不可能突然下降,也不可能其他人的智商都比我高。但是,我不知道怎么解释这样一个在我看来很诡异的事情。甚至,之前成绩不如我的也都比我好了,他们好像也就和我差不多努力。我的观察和我心中的信念完全无法自洽,我陷入极度的痛苦之中。

在一次回家的时候,我非常难受地对妈妈说:"对不起,我没考好。""没考好"这个概念之前对于我来说就是考了第二名,但现在是真的没考好。在这种情况之下,妈妈再次展现了她过人的智慧,决定去市里面陪我,不让我再住校了。由于是家长提出的,老师很快同意了。

我发现,刚搬出去,我心情就好了很多。在离开宿舍之后,我的 CPU 进程当中基本没有那些恐怖的学习机器给我的心理阴影了。我知道我的成绩已经到谷底了,不太可能继续往下跌了,心中反而安稳了。每天晚上在教室稍微自习一会儿,做完作业就回家。不去和那些熬夜狂人攀比熬夜(攀比熬夜这种事情现在想来也真是醉了,但是当时班里面的确有这种风气),正所谓眼不见心不烦,回去我也不想他们在学什么,听周杰伦的专辑,从《Jay》到《范特西》《八度空间》再到《叶惠美》，每一张专辑我都非常熟悉，什么时间发行的，卖了多少万张，是哪几首，顺序是什么，是方文山、徐若瑄还是周杰伦的词，歌曲长几分几秒我都了然于心，是一个铁杆粉丝。所以，后来在《最强大脑》得知会和杰伦哥一起录节目，心中特别高兴和激动。而当时其他的租客、房东也都特别喜欢我，有时候我妈妈要回家，他们都争着请我去他们家吃饭。在这里，除了学习之外就是听歌，和院子里面的大人小孩们聊天，而这些并不会占用很长的时间，并且会让我的心情得到放松，形成这样的一个良性循环之后我的效率大为提高。在同学们看来我没有之前那么认真了，甚至后来连晚自习也不怎么去了，每天不怎么讨论题目，没事却跟他们争论阿杜和周杰伦的歌哪个更好听。但是，老师提问的时候我反应迅速，准确率也高。尤其是一次数学课上，老师拿当时公务员考试的题目来提问，大部分题目都是我第一个说出答案。下课后，还有同学打趣问我最近吃啥灵丹妙药了。而我心里面明白，我的心病已经好了。在外面住了没有多长时间，我的成绩就上升了，稳步攀升到中等。

　　为什么只是居住地点的改变，就会对我产生这么大的影响呢？貌似我什么都没有做，甚至比以前更懒了，为什么反而成绩会上升呢？

　　事实上，虽然我当时成绩进入倒数行列，自己感觉很崩溃，但并不是真的无药可救。我的语文、政治和化学都非常好。我是语文课代表，语文考过年级第一。化学考过年级第二，参加化学奥赛的成绩也非常好。政治也是稳居在年级前几名。只是因为剩下的三门英语、数学、物理大幅度地拖了我的后腿。而班里面个个都是学霸，只要有一门稍弱，名次就不会理想，何况我是三门！

而这三门其实是我的传统强势科目,但是由于种种原因,到了这里之后我一直不愿意学,练习也不愿意做,虽然看似认真,实际效率却并不高。当我搬出来自己住之后,班里面那种变态的学习气氛我基本感觉不到了,我又找回了我自己的节奏。慢慢地,这三门的成绩又上去了。

很多家长经常说自己的孩子:我看你也不笨,怎么学习就老是出问题呢?肯定是偷懒,没有好好学习!这次,我给你报了数学班、英语班,赶紧去!而事实上,学生的心态对于成绩的影响非常大!我们经常听说的某人在高考考场极度紧张发挥失常就是很典型的例子。

所以,找到自己的节奏非常重要,强行模仿他人的学习方式很多时候除了扰乱自家军心,没有任何作用。就好像跑步,有的人腿长、步速慢,有的人腿短、步速快,他们的速度都可以达到不错的程度,非要他们互相学习对方,反而会出问题。

4."题海战术"是否有效

我一直不是一个喜欢做题的人,相反我善于从有限的题目里面悟道。在镇中学的时候,虽然有同学做很多练习,但是习题的量和质都没有到一个非常夸张的程度,我还是能够与他们"一战"。而在这所省重点中学,习题的质和量都已经达到全市前列,擅长"题海战术"的同学的优势就显现出来了。当然,他们的优势也没有当时我感受到的那么大,但是由于这里的教学进度比我以前的学校要快一个月,所以我考试时自然不如他们。因为我从来没有遭受过这样的打击,当时不能很冷静地去分析这个问题,而只看到了他们疯狂学习和做题的样子。

于是,"比你牛的人还比你努力"这个印象在我心中烙下了,我的节奏彻底被打乱。一个擅长跑步的人被拉去游泳,离淹死也不远了。后来我终于从池子里面出来,不用呛水了,于是我的活力又来了。我重新开启了高效率练习有限题目的模式，走到了我擅长的道路上面！

"题海战术"究竟是否有效？这是一个老话题了。这个问题其实不能一概而论，首先从考试角度来看，如果题目雷同率太高，那么可以说很多时候只是练习了熟练度，遇到大型考试，题目类型非常多样，也没有太大作用。

但是，如果题目的类型总结十分全面，与考试对应度很高，那么认真练习这些题目当然是有作用的。为什么衡水中学等超级高中的题海轰炸有效果？高压管理加上全省最好的教育资源，这样就可以大规模"出品"考试机器。

然后，从学生角度来讲。有些学生的执行力非常强，老师给了题目就坚决认真训练，这种就非常适合题海战术。而我这种，做题目时喜欢"胡思乱想"，做一道题会联想到很多方面，这会导致两个结果：做题速度不够快，但能够通过一道题目加深对很多知识的理解与掌握。

比如，有这么一道题目：往一个装有浓盐水的量杯中加水，请问杯底受到的压强是变大还是变小？液体压强的计算公式是 $p=\rho gh$，加水之后，ρ（密度）变小，但是 h（液体深度）变大，这个题目显得很有迷惑性。

然而，胡思乱想之后，我想起来最原始的压强公式 $p=F/S$，而 $F=mg$，加了水之后重量肯定增加，压力肯定也增加，其他条件没有变，所以压强肯定增加。通过这么一道题目，我就打通了压力、压强的公式，并且知道了很多难题的要点：看似 A 公式解决最合适，其实需要用 B 公式转化之后解答。

这种悟道的方法需要有自己的节奏，不能在看到别人刷了几百题之后方寸大乱。在做题目的时候，需要从条件出发，看看它涉及哪些学科知识、定理，再看它的问题，有可能用哪一条定理解决，题干和问题之间的定理有何联系，而最重要的就是这种联系是否可以固定下来，是否可以出其他的题目，如果是你出题目，你会怎么样利用这种联系去出题。以上问题想清楚之后，这道题目涉及的知识点可能会出的题目你基本就掌握了，不需要挨个做题目了。

5. 数学从倒数到拔尖：如何建立信心

虽然不用整天和"学习机器"们待在一起了，但我的成绩也不可能因为我搬出去住就马上变好，这里面也有一个过程。面对"学习机器"们亮眼的分数，重新建立起信心真的不是一件容易的事情。在这一点上，还要特别感谢我们的数学老师。他当时察觉到我们班里面学习太认真，认真得有点不正常。于是在初三这么争分夺秒的时候拿出自己的一节课来给我们上音乐课，希望我们能不那么紧张。在"统测"前，他还会给我们放电影来放松心情。

我当时的数学成绩在班里面一帮"学习机器"的衬托下显得极其"惹眼"，对于我自己来说数学当时也是6门中考科目里面最差的。因为数学是150分的卷子，每道题目占分很大，而且卷子难度又非常高，所以我的失分率非常高，最差的一次只考了70分不到——连一半的分数都没有，我整个人都蒙了。之前虽然差，也能达到110分左右，这次的结果我实在是没有想到。但是，王老师却对我有信心，他说："我知道你肯定不是这个水平。不要着急，一步一步来，这次的卷子的确比较难，不过有很多题目肯定是你能力范围之内的，你从选择填空做起，保证不丢分，后面的大题再慢慢提高。至于最难的，本来就是用来为难你们的，有的时候看运气，你看×××这次也没有做对。"后来，他又给了我一套《数学报》（这种报纸其实就是习题集，小伙伴们都懂的），虽然我当时已经订了，但是我还是非常高兴，这是老师真的重视我，希望我好，而不是像一般老师一样把我晾在一边。我得到老师的肯定与鼓励之后，心中已经有了这样的信念：老师都说我能考好了，那我肯定没问题！

随着学习的稳步推进，我的数学基本上达到了王老师说的出考场就知道自己多少分的程度，题目的失误率极低。后来中考我取得了接近130分的分数，而当时的最高分只有140多分。而从70分不到、全班倒数的成绩到最后和第一名相差10多分，只是两个月的时间。我相信如果再给我两个月时间，我的成绩会有更大的提升。另外，我的物理在参加奥赛时甚至距离复赛分数线只差了一两分，那些我眼中的物理学霸多数只比我高了几分而已。在平时的考试中我也稳定在90分以上，当然有95+的大神在前。我知道这样的差别就好像小学里面的100分和90分一样，并不能真的区别什么，就是一个熟练程度的问题而已。

才千老师有话说

  对一名处于迷茫阶段的学生来说，老师的话很多时候力量极其巨大，当老师说你很聪明，肯定可以学好的时候，很多学生就信了，于是他的人生就改变了。这其实也是皮格马利翁效应的一种体现。反之，一名学生可能就毁了。一位接手我不到一年的数学老师对我会有多深的了解呢（了解其实也没有用，来这个班的都是原来学校的前三名，到这里肯定要重排座次，我就不应该排到后面去吗）？一位理工男会刚巧知道皮格马利翁效应吗？现在回想真的十分庆幸与感激。所以，现在我教学生的时候，一直非常注重提高学生的信心。我非常清楚我所教的记忆、思维导图、快速阅读的神奇效果，学生出现了暂时性的困难只是螺旋式上升中的一种正常表现，并不是他们自己以为的"我的天赋不够"。

  当然，我当时并没有意识到，还以为我"很认真"。很多同学都有过我当时遇到的问题：我"努力"学习了，为什么成绩还是不好？于是就会自我暗示：自己是不是太笨了？客观地说，任何事情都不能排除天赋的影响，但是绝大多数时候成绩不好并不是你的智商限制了你的发挥，而是你不够真正地"努力"，看似很认真，实际上效率极低。一边学习，一边心中还在抱怨题目为什么这么变态、老师为什么这么严苛、同学为什么都不给你"活路"……因为你的CPU根本没有全开！

  对于中学阶段来说，绝大部分人的智商足以考到卷面分的90%，你算一算，你到这个坎了吗？如果没有，基本上还是你的心态、方法有问题，你需要坚固信心，重上战场！

那没有信心怎么办？很多时候需要靠自己。拿我自己来说，数学老师也不可能天天鼓励我，毕竟全班那么多人，需要帮助的同学很多。我是怎么做的呢？首先就是回忆自己之前的成功经历。除了中奖，没有什么事情的成功完全是因为运气，你之前成功过，那么说明你就是有那个实力的。具体到学习上，说明你的智力基础、你的学科理解能力都是非常不错的。你的这种能力不可能突然下降、突然消失，你现在成绩不好，只有一种可能——能力用得不对，既然如此，你就没必要纠结自己是不是很笨，是不是不是读书的料这种没有意义的问题，而应该回想一下当时你是如何学习的，面对现在的形势，有什么好的方面可以继续，有哪些因为客观条件改变一下会更好。这样，你就能够最大限度地发挥你的学习能力。

四、我的高中（上）：敢想敢做才容易成功

中考我考入了一所国家级示范性高中，并且进入了最好的阳光班。我决心大干一场，回到顶级优等生的轨道上来。而开学不久我就做到了这一点，让老师们惊为天人。

1. 不要轻视副科：高一开门红

中考结束后的暑假我基本是放松状态，但是也做了一些正事。其中就包括快速阅读训练。我在家中进行了约16个课时的训练，阅读速度达到了3000字每分钟，理解记忆率98%。这样的能力在开学第一天就发挥了巨大的作用。比如朱自清的《背影》，我是用快速阅读的方法看了两遍，就顺利地记忆下来。能达到这样的成绩，需要什么样的方法与训练呢？本书后面的章节将会为大家揭开神秘的面纱。

大家可能不知道，普通人的阅读水平一般是300~600字每分钟，理解记忆率在30%~50%。3000字、98%与300字、30%，大家可以想想这里面的差距。在高中阶段正式上课的时候，我也经常使用这样的方法进行各科的学习与记忆。虽然第一学期有八门功课要学，但是我的效率非常高，所以晚自习还能看点闲书。

有了极高的学习效率，所以从进校开始我的学习成绩就大幅度提升：在这所一个年级1500人的国家级示范性高中里面，我的入校成绩排在100+，第一次月考我就进入到前40，期中考试排名年级第9，两个月就进入了年级顶级优等生的

行列,让老师们瞠目结舌!到了第三次月考又进了一步,排名年级第7!

套用时下流行的话来说,我在高一的这段经历算是逆袭。然而,事实却并非如此。我取得这样的成绩很大程度上是水到渠成、顺理成章的事情,是长期准备的结果!

为何我敢这样说?高一的八门课程是:语文、数学、英语、政治、历史、地理、物理、化学。中考时的科目有六门:语文、数学、英语、物理、化学、政治。科目不一样,学生重视程度也就不一样。由于升学率的导向,非中考科目就成了"副科"。大多数人对这些科目漠不关心,老师也默许了这种行为。到了初三,学校直接取消这些课程。而我从小就对各种各样的知识都非常感兴趣,在初一、初二时不但中考科目非常棒,"副科"也经常考到全县前几名的成绩,甚至有过满分的记录。而有些所谓的学霸,其实除了书本知识之外所知甚少。到了高中,在这些科目上,我立即建立了压倒性的优势,在课堂上几乎无人怀疑我的答案!因为他们高中才背诵《南京条约》,而我在小学就与马嘎尔尼"谈笑风生"!

现在我们的应试教育太过于短视,短视到有时候连高考都照顾不了。就因为中考不考历史、地理,这两门课基本就形同虚设。高考学文科的怎么办?文科与理科不一样,聪明、背书快还不够,还需要深厚的文化积淀,这不是背书、做题目能够得到的,需要大量的阅读积累。我在无形之中为高中的开头做了一个非常好的准备,给了我非常大的信心,一下子瓦解了那些中考高出我几十分的学霸的高大形象。我成功了,反过来同样也有人因为准备不足措手不及、一蹶不振。

所以,我们在学习的时候,应试科目虽然重要,其他科目也很重要。往大了说,文科或者理科知识素养的缺乏会让人变成死板的技术机器或者诡辩家;往小了说,你不知道你下一个学习阶段需要用到什么样的知识,不做准备说不定下一个倒下的就是你。

2. 自学学出年级第三，老师们惊呆了

高中我们也进行了分科，我一开始选择了政治、历史科，待了一天，立即转到物理、化学科。因为物理化学科有重点班，而政治历史科没有（我是很容易和同学玩到一起的人，非重点班的学习气氛确实是要差一点），我的物理化学成绩也在前十名。到了高二，学校的政治历史科又有了重点班，由于放不下对中文系的热爱，我又改到了政治历史科。有熟悉的同学见了我直接说："郑才千，你是有病吗？这么改来改去的。"

在改科后的第一次考试当中，我就出名了。虽然之前的成绩一直不错，但成绩好的年年都有，并没有什么稀奇。而这一次不一样。我的成绩可以说是前所未有！

由于我们的教学进度极快，我待在物理化学科的时候，政治历史科的同学已经把高中三年的内容学了40%！而我基本等于没学！

我进政治历史重点班是要奔着人大、北大这样的一流高校去的，当然不甘心落后。而且我的政治老师也就是当时的年级主任王老师在得知我要改科之后，当时就告诉我会让我进入重点班，我也决心绝不让他失望。毕竟那么久没有学政治历史了，王老师还这么信任我，作为他的得意弟子（虽然我不知道他是不是这么认为，但是我当时倒是挺自信），我怎么能让他丢脸！

于是暑假里，我找同学借来了笔记，买了书店里面所能买到的上学期的教辅书籍，进行自学。

很快到了开学的第一次月考，物理化学重点班不考政治历史，所以我的政治历史是0分，我的考试号也变成了1000多，来到这样的考场，我有一种特别放松的感觉。我花了5分钟左右的时间就做完了所有的政治选择题，然后又很快做完了简答和论述。历史选择题由于只有25道单选，更加简单，我只用了2分多钟。虽然我的自我感觉很好，但是其他同学毕竟是科班出身，我是自学的。我的心中还是有点忐忑：是不是这次题目太简单了？考试结束后，老师上课给我们讲题目，

我一道一道对着答案。对完之后，政史班常年的年级第一问我："你错了几道选择？""我，我，我好像没错吧，也可能错了一道，C 和 D 我现在不太确定了。"其实我知道我就是一道题目没有错，但是我确实不敢相信我居然是全年级唯一一个 75 分选择题全对的，因为多选题非常"恶心"，所以还从来没有过全对的成绩。而这个记录让我——一个刚改科的学生取得了！那次考试我的政史总分合计 270 分也是年级第一，文科考到这样的分数对于任何人都很难。更何况是一个刚刚改科的学生，并且考试考的很大一部分是我暑假自学的内容！加上语数外之后我的总分排名年级第三！老师们都惊呆了，之前我只是"学习成绩好的学生"之一，而这一次年级的老师都很意外："没有见过在理科班和文科班都能考这么好的学生！"而原因也很简单，因为我运用了特别的记忆方法，以常人难以想象的记忆速度完成了课程的学习。这样的方法，在后面的章节当中我会详细地教给大家。

3. 选文科还是理科：听从你的内心

在改科的时候，我心中还是很纠结的，毕竟一直以来，"男孩子就该学理""理科容易找工作""成绩好的都选物理化学"等舆论甚嚣尘上。而且我在理化重点班成绩也很好，万一去了政史重点班适应不了岂不是得不偿失？

事实证明：只要你选择了你所热爱的，真正去努力，一切都来得及。大多数人在做事情时都是得过且过，而如果你做了充足的准备、充足的努力，空降王座超越所有人的概率其实非常大！

很多人在面临选科时也都非常纠结，相对来说在这个时候，严重偏科的同学目标明确，全面发展的同学却是辗转反侧！我个人认为，人生这几十年绝不是为了活着而活着的，选择你热爱的才不会后悔！让他人的评价决定自己的选择实在太愚蠢！至于以后哪个更容易找工作就更没谱了。拿 IT 来说，其实在十几年前就有过一次泡沫，许多学 IT 的毕业生找不到工作，而现在 IT 业的热门程度每一个人都感受到了。

选择适合你的，你的才华才会最大限度地发挥。我在理化重点班，虽然也是前十名，但是从未考过第一名；而在这里，我直接空降三甲。我没有变，竞争激烈程度没有变！变的是我更热爱我的学科！

在工作的时候也是如此，如果你适合这个工作，你就更容易进入行业的前列。这才是你安身立命的真正保障，而不是看现在貌似哪个行业比较好。一流的历史学家肯定比蹩脚的金融从业者过得好！

4. 玩得快乐才能学得轻松

大家可能认为我能够取得这样的成绩，在暑假肯定"头悬梁，锥刺股"。其实这时候我已经不像初三那么纠结了，除了每天背书大概2小时，我还会看4集《天龙八部》。大概花了20天，我已经背完所有的4本书和对应笔记，做完了所有的教辅书籍。

开学之后也是一样，除了上课，平时学习时间也不多。甚至客观地说，算是班里面比较"懒"的。上课最后一个到，下晚自习第一个走。然而，就在这种情况之下，开学第一次考试就取得了前三名的成绩，我也没有想到，毕竟在起跑线上我不如其他同学。

你可能发现了，我即使是在最紧张的时候，也还是玩得不亦乐乎。这看起来似乎不太科学，事实上这才是科学！当时，我面临短时间内自学大量教材并且要深刻掌握的挑战，精神压力非常大。毕竟，我在理化重点班待得好好的，而且当时大家都认为：男生就该学理化、学霸就该学理化、学理科以后大学毕业好找工作……我如果改科最后玩砸了，简直就是 no zuo no die 的最佳代言人！

我如果整天想着这些压力，很难想象能够火力全开，高质量地完成学习。所以，只有玩得快乐才能够学得轻松。

决定学习结果的不是学习时间而是有效学习时间。举个我自己的例子。我上课时的表现可以说是很不认真的：我不主动聊天，但是同桌一找我聊天，我聊得比他还要起劲；老师在上面上课，我突然想起什么就和同学传纸条；有的时候甚至问妹子借《当代歌坛》，找找有没有喜欢的明星的消息……但是，至于考试结果嘛大家都懂的！很多同学在学生时代都曾经遇到过这样的人，经常感叹：上帝真是不公啊，为什么我天天努力还是考不好呢？然而，你看到我和同桌高谈阔论，却没有注意我和老师"眉目传情"；你看到我和同学传纸条，却没有留心我在脑海中穿越历史；你和我一起看周杰伦和蔡依林的分分合合，却没有想到周杰伦的成长故事是典型的励志论据……在看似不务正业的背后，我对学习的关注一点都没有少。你或许整节课都没有和同桌聊天，可是注意力可能已经飞到爪哇国去了；或许你注意力很集中，可是你懂或者不懂都没有和老师交流，下了课对着书本还是不明觉厉。

所以，算一算，你今天的有效学习时间是多少？不要再用坐在课桌前的时间自欺欺人了！

五、我的高中（下）：从千年老二到超越第二名60分

没有一点点防备

也没有一丝顾虑

你就这样出现在我的世界里……

1. 数学危机：高三开局不利

按照我的猜想，再经过两次考试，第一名也不在话下（那次的第二名只比我高一分，所以我已经"脑补"自己就是第二名）。但是，我猜到了开头却没有猜到结尾。实际情况是我的成绩极其"稳定"，"稳定"得让我哭笑不得。高二期间，不是第二名就是第三名。从来没有出过前三名，也没有考过第一名。而且我的政治、历史、语文都是年级第一的水准，但是从来都不能技能全开。每次一般是有一门考年级第一，一门年级前几名，还有一门会发挥失常，基本形成了规律，让我很是无语。老师们都认为我还有很大潜力（他们估计也"脑补"了我技能全开的场景），但是我自己却无能为力。我一直在等待着机会……

我一直期待能够打破僵局，登上最终的王座。在高三再一次将所有班级分为平行班之后，僵局的确改变了，但是……

第一次月考，我是班级第一，年级名次却到了第四名。看起来没有太大变化，

我的心中却暗叫不好。果然，接下来我的年级名次是第六、第九、第十二、第十五。我心中非常着急，班主任、各科老师心中也是如同火烧。

这时又出现了一次机会，在会考中，学校出现了一点问题，很多同学需要用 20 天重新准备考试，而我则顺利通过。我决心利用这 20 天夺回属于我的名次。在这段时间我的心平静了许多，想清楚了很多问题。其实高三的问题在高二就隐藏着，当时我 5 门课中语文、政治、历史是年级第一的水准，英语参加竞赛拿了国家级奖项，也是年级前列，之所以拿不到第一名就是因为数学。其实，我一开始在阳光班，后来在理化重点班，数学基础不错，是有优势的。但是，由于政史重点班当中有鄙视数学的风气，而我当时觉得政史重点班的班级气氛特别好，所以爱屋及乌，潜意识中认为我也应该不学数学。而年级第一从一开始就是数学学霸，150 分的卷子基本在 140 分左右，而我很少超过 120 分。因此，我其他四门积累的优势被她一门数学就粉碎了。

进入高三之后，题目难度逐渐提高，数学尤其明显，这就造成了我的弱势更弱，优势缩小，劣势与顶尖选手差距扩大，悲剧也就不可避免了。找到问题之后，希望的太阳也缓缓升起。所谓置之死地而后生，或许这就是我翻盘的机会。

2. 高考状元上不了北大？考试规律由不得任性

正所谓年少轻狂，我们在中学时难免有点小个性、小情怀，但是这些小情趣小玩怡情，大玩伤身，强玩灰飞烟灭！

很多文艺青年可能和我当年一样有这样的想法：你有本事选文科，你有本事学政史啊，别躲在数学里面不出声！

凭什么一门数学可以粉碎其余四个学科的优势？这不科学！但是，这才是科学！高考是选拔性考试，顾名思义就是要分出三六九等。高考结束大家都迫切想知道自己考了多少分，阅卷老师哪里有时间细细品味你作文的遣词造句！唯一可以大幅度并且无争议拉开分差的科目只有数学！数学再难都有得 150 分的，而 2007 年江苏全省政治单科最高分不过 120+！学科规律如此，对于文科生来说：你的文科水一点根本无所谓，只要你数学好，文科的天下就是你的！所以，只有顺应这个要求才能得高分！

作为考生，既然想要通过考试来改变自己的命运，只有服从考试的各种规则、规律（想想因为父亲叫晋肃而不能考进士的李贺吧，我们已经很幸福了）。

除了学科规律外，我们还要服从考试规则。在 2008 年高考中，江苏省教育考试院推行了新高考模式，此模式已经被北京借鉴采用，有"祸害"全国的趋势，所以在这里也和大家分析一下（只分析目前已经被其他省市借鉴的"奇葩"特点）。

6 月份的高考只算语数外三门的总分，那其他学科怎么办？这是改革的"精髓"所在，其他省市借鉴的地方也是这里。

考生必须从历史和物理中选修一门，选择历史的考生为文科生，选择物理的考生为理科生。接着，要从剩下的四门课里再选择一门作为第二门选修。两门选修在高考中进行考查，只划分等级（A+、A、B+、B、C、D），不计入总分。高校在招生时，除了限制分数，还要限制等级。而关键就在这里！江苏省考试院会根据考生分数在全省的排名位置来划分等级。前 5% 为 A+，前 5%-20% 为 A，前 20%-30% 为 B+，前 30%-50% 为 B，前 50%-90% 为 C。90% 以后为 D。这个等级有什么作用呢？我们来看 2013 年江苏高考录取等级中两门选修课的要求说明：

第一档：A+/A+　　第二档：A/A+ 或 A+/A　　第三档：A/A

北京大学　　　　中国人民大学　　　　　　　上海交通大学

　　　　　　　　清华大学　　　　　　　　　南京大学

　　　　　　　　复旦大学　　　　　　　　　……

问题来了，2013 年江苏文科状元两门选修是双 A，所以她只能报考第三档的大学！

如果你觉得反正我也考不上名校，担心这个干吗？那你就错了！如果说上面的制度是折磨优等生的话，那么下面的"小高考"才是每个考生如影随形的恶魔！

考生要修十门课，除去要参加高考的五门（3+2），剩下的五门要在高二进行学业水平等级测试，也就是传说中的小高考。其中，计算机分为合格/不合格两档，如果不合格，就要在第二年重考，否则不能参加高考。剩下四门课会在高二下学期进行考试。同样是划分等级，分别为：A、B、C、D，如果有一门考了D，就要在第二年和高二的学生参加那一门的补考，只有拿到C或C以上才能参加高考。也许你要庆幸必修课没有一门得D，你有资格参加高考了。但你可能高兴得早了点，这四门课中只要有一门拿了个C，就不能填报本科。方案规定：A、B级占总人数的50%，C、D级占50%。也就是说有一半的考生在高二已经确认可以放弃治疗，没有资格考本科了。

虽然，后来几年进行了后续的改革，据说没有那么凶残，但是仍然出现了刚才提到的省状元上不了北大的奇闻。

不要觉得这和你无关，目前这种方案已经有蔓延的趋势！北京已经确认2016年的高考将会采用这种等级划分制度，只不过考查变成了英语。所以，首都的小伙伴们，你们以为英语没有那么重要了？不需要认真学了？太傻太天真了！或许，因为英语等级不够，你其他科目考了满分也只能落榜！其他地区的同学也千万别幸灾乐祸，因为教育部已经确认2017年高考改革之后将采用等级考查制度。教育部发话的后果想必各位都懂的！这次"高考不看分数看等级"的始作俑者很明显是江苏高考，后面各地区的改革也是借鉴江苏，所以现在了解这些对于应对未来的高考绝对是有必要的！那么如果你要面对的考试采用类似方案应该怎么办？

首先，希望非常重要。当医生告诉你已经得了绝症的时候，大部分人会崩溃。比如2016年的北京英语高考就要采用这种分级制度，那么首先要不惜一切代价获得你理想高校要求的科目等级，否则高三的时候天天想到自己无论怎么努力也没有资格报考自己心仪的高校，你很难撑下去。

其次，最佳的方法是在开始就尽量保持全面发展，以免遇到等级不够或等级浪费。

总之，考试怎么要求，我们就只能顺应它的要求，不能任性，否则死的只能是我们自己。

其实，要各科全面开花真的很难，偏科的问题很多人都遇到过，我也不例外，下面就和大家分享一下我的故事。

3. 从掌握公式开始：我这样拿下数学

当我明白了各学科的问题之后，事情反而好解决了，因为我数学底子本来就不差。数学王老师（是的，又是一个王老师，他们的确都姓王）也发现了我的问题，于是在课间操的时候给我开小灶。很快我在一个月后的期末考试中打了个漂亮的翻身仗。数学考了132分（是不是感觉也不是很高，够不上"学神"的等级？但当时的江苏高考不分科，所以我们的数学卷也不分文理科，理科生多，而高考需要区分度，数学卷的难度可想而知）。总分考了625分，位列年级第一，虽然经历了艰辛的历程，但我终于突破了在第2和第3之间打圈的魔咒，成功登顶。

在之后的随堂测试当中我数学居然取得了满分，这在文科班是不可想象的。因为虽然是随堂测试，但是题目都是历年的统测题目和高考真题，难度非常高。即便是在理科班，取得满分也不容易，何况是在文科班。

其实不仅是文科生，对于不少理科生来说，数学也不是那么可爱。网上有一则流传甚广的段子：

语文好的人普遍文艺，历史好的人普遍博学，地理好的人普遍谨慎，英语好的人普遍开朗，生物好的人普遍灵巧，物理好的人普遍聪慧，化学好的人普遍乐观，体育好的人普遍果敢，政治好的人普遍执着，数学好的人普遍变态。

真是不知道大家和数学是什么仇什么怨！那么，难道真的需要变成变态的人才能够学好数学？

其实学好数学主要需要深入理解公式、定理含义。

上课我都听得懂，什么叫深入理解公式、定理含义呢？举个例子，在小学的时候，正方体的体积公式是棱长的立方、长方体是长宽高相乘、圆柱体是底面积乘以高，大家也都是这么背的。但凡这么背完公式就完事的同学在遇到不规则体的体积求解的时候很难做出来。为什么？因为根本就不应该背这样的公式！

长方体、正方体的公式是为了计算方便，做成了特殊形式，而实际上所有"直上直下"的形体都是可以通过底面积乘以高得到体积的，而且这也是面动成体的思想体现。掌握了这一点，无论底面换成什么不规则的图形都可以算出来。到了中学阶段，很多公式的背后意思就更加难以一目了然，所以理解公式看似容易，其实做到这一点的人很少。

其实要检查自己有没有深入理解也很容易，每次讲到具体知识之前，老师都会讲一些看似废话的引言（比如，面动成体），如果你能够把公式与这些"废话"之间的关系搞懂了，基本就没有问题了。

这里也有一个傻瓜式的办法，大家在很多新闻上可能也看过。就是背诵教材，尤其是例题。这个和我倡导的背诵经典的道理一样，背多了自然理解也会加深，这是大脑的一个很奇妙的功能，所谓恍然大悟、豁然开朗，就是脑海中的知识点打通了，但是如果你都没有知识点怎么打通呢？并且，高考命题不会参考你的各种习题集，只会参考教材。虽然高考题很难，但是其实都是各种最基本的经典题目杂糅在一起的。熟练例题也有助于你迅速理解题意。怎么背题？当作简答题一样，把条件和答案一条条记下来。简答题怎么背？好好看这本书就懂了。

另外讲讲考试的技巧，一个重要技巧就是力保选择填空题，因为这种题目没有解题过程，答案一错你就白干了。两三道选择填空的分值就相当于一道大题，而一般来说难度却不高。得到了这部分分数，你的总分就有了基本的保证。我在初三和高三刚开始时主要练习的就是选择填空，基本达到 40 分钟解决并且一分不失的水平。而这部分的分数在高考时高达 90 分！而由于难度不高，这部分题目训练起来，时间短，人也不会感到累，自己还会颇有成就感，形成一个良性循环。

在选择填空之后就是解答题，解答题的前两道题目一般来说也不难，与选择填空没有太大区别。这样，我们取得 110 分左右是比较容易的。

对于有更高目标的同学来说，关注点可能是在后面的难题。其实，难题只是简单题目的叠加。如果已知 A 可以得出 B，已知 B 可以得出 C，已知 C 可以得出 D，已知 D 可以得到 E。那么，已知 A 让你求 B 就是简单题目，让你求 C 就是中等题目，让你求 D 就是难题，让你求 E 就是压轴题。只要你普通题目熟练掌握，考到一个高分并不难。

而且，文科生用理科难度数学卷的只江苏一家，别无分店。所以，其实掌握到中等难度题目之后绝对不止 110 分，应该在 130 分左右。

4. 为什么用了错题集，还是一错再错

其实对于掌握基础知识，我花的时间并不多，毕竟我的课堂效率还是比较高的，并不存在严重的知识漏洞。

我主要解决的并不是如何"学"好数学，而是"考"好数学的问题。这两者有密切联系，但是很多时候并不统一。对于我来说，并没有很多真的做不出来的题目，但是由于练习不多，没有特别好的"题感"，经常进入出题人的误区。误区就那些，但是我经常一次又一次掉进去。以选择填空题为例，这部分难度较低，我是肯定可以全部做对的，但是我每次都会错几道。一道选择是 5 分，错 3 道，就相当于一道大题白做了！对于我这种"懒人"来说，让我刷题练"题感"不现实，于是我祭出了大杀器——错题集。

你可能会大跌眼镜：这不是老师经常说的吗？这也能算大杀器？其实，错题集看似稀松平常，但是：1）用好之后威力无穷；2）真正用好错题集的人寥寥无几！

鲁哀公问孔子说：你的弟子谁最牛？孔子说：颜回！因为他"不贰过"。可

见不犯第二次错误很不容易。

老师一直说"错题集",有错题集的人很多,但是错题集上面的题目还是一错再错。

我发现一个规律,只要你控制好错题集上面的题目数量,错题集就可以发挥作用。很多老师会说,做错的题目赶紧整理上错题集,其实这是不符合人们的心理习惯的。正所谓物以稀为贵,以前有人一喊"美女",大家都会去看两眼,现在没有人注意了,因为现在"美女"就是个称呼。什么错题都上错题集,错题集就变成了习题集,你心中的重视程度自然就慢慢下降了。不是对你心理产生重大触动的错题坚决不要上错题集,如果上了错题集还是错的,绝不可以原谅自己,一定要进行足够"狠"的惩罚。最终建立起"进了错题集的题目这辈子都不可以错第二遍"的信念。看起来,这样错题积累的速度很慢,但是我们要清楚:真正重要的考试是升学考试。哪怕一星期只积累一道题,几年下来也有很多题目,而错题集里面每一道题目都是代表了一类题目,能量非同小可。

5. 偏科是个什么玩意儿

当攻下数学的高地之后,加上其他四科的优势,我可以说是一骑绝尘,稳坐年级第一的位置,而且和第二名的差距越来越大,最大的时候超过了60分,基本每一门都在130~145分之间。2007年高考我顺利考入了中国人民大学,而在这所2002年才有第一届毕业生的学校,我是考取人大的第一人!

这次我高考前解决的问题其实是很多同学都存在的一个老问题:偏科。文科生多数是数学的问题,理科生一般是语文和英语。那么偏科到底是个什么玩意儿呢?在我——一个两度干掉偏科怪兽的人看来:偏科实际上并不存在!

真实的情况是:我们根本就没有像学习我们的优势学科一样去学我们的瘸腿科目。举个例子,对于历史,早读课、晚读课我都在背诵,由于我的记忆速度和背诵语速都极快，一节晚读课或者早读课下来，别人背了一到两课，而我基本是背掉两个单元。而我们早读课、晚读课时间是统一的，也就是说，周而复始，我在记忆力比其他人好的情况下，背诵的遍数还比他们多。做题目也是一样，由于我会快速阅读，并且知识点掌握也十分牢固，别人需要 30 分钟完成的选择题，我在 5 分钟之内就已经完成。同样的时间，我的练习量其实比他们更大。而事实上，我对这个科目也的确是更有天赋，每做一道题目，脑海当中的知识网络图（可以说，多数人脑中根本没有这样的图，知识都是零散的，所以遇到综合性的题就蔫菜了。没有关系，学会本书后面的思维导图就搞定了）就深化、扩张一次，这样就形成了一个良性循环。

反观我的数学，当时是什么情况呢？由于数学确实也没有历史故事那么有趣，自己又不是数学第一名，没什么成就感，所以上课不认真听讲，下课的练习应付了事，甚至买的配套练习从来都完不成。完不成的原因也是和优势学科形成了强烈的对比：由于前面学得不认真，水平不高，自然做题目的速度就不快，这样单位时间内的练习量就不会高。但是，在我自己看来，我历史只花了 20 分钟，数学用了 1 个小时，而历史的考试成绩远远超过数学，最终结论就是——我对数学就是没有天赋。

当然有人会说他对待弱势科目的态度比我认真多了，不像我那么敷衍了事，为什么还是不好。我想说，其实你的努力还是不够。刚才从我的分析当中可能能够感受到两者效率的巨大区别，下面我们可以通过精确的数据计算来阐释两者的不同。

6. 数据说话：优等生与后进生究竟差别在哪

影响练习效率的主要有以下因素（按照我们做练习题的思维过程排列各个因素）：

读题速度、解题速度、题目对自身知识网络的激活度，这是一个连贯并且成体系的过程，这三个因素之间很明显是相乘的关系。优等生在每个因子上达到普通学生的两倍是很保守的估计（读题速度也比平常人快，是因为其对知识理解深入，读完就能立刻理解题意，甚至看一半就直接调用做过的题目模型进行解答，而普通学生很多需要二次读题理解），综上，优等生拥有普通学生8倍的优势，也就是说如果你是中等生，你需要投入该学科第一名8倍以上的时间才有可能赶上他。

这还是以中等生为参照进行对比的，如果你是这门学科的后进生，那么比值还会进一步扩大。

我们来看下面一个表格，可以非常直观地看到这个差距，为了计算方便，我们设后进生各项指数为1。

学科练习效率

影响因子 \ 学生类别	优等生	中等生	后进生
读题速度	4	2	1
解题速度	4	2	1
知识网络激活度	4	2	1
总计	64	8	1

影响学科知识掌握效率的主要有以下因素：记忆力、学科基础程度、课上理解记忆率，各项之间也是相乘的关系。成绩差的人不代表一定记忆力就不好，所以其余两项按照每个因子上优等生是普通学生两倍来保守估计，优等生在记忆效率上是普通学生的4倍，中等生要想达到优等生的知识掌握程度，需要付出其4倍的时间。

我们同样用表格来说明：

学科记忆效率

影响因子 \ 学生类别	优等生	中等生	后进生
记忆力	1	1	1
学科基础程度	4	2	1
课上理解记忆率	4	2	1
总计	16	4	1

幸好，练习与记忆不是一个过程，两者之间只是相加的关系。两者相加之后，我们得到优等生、中等生、后进生的最终学科效率比值（见下表），可以看到这个比值是相当惊人的，优等生竟然是中等生的 6.67 倍，是后进生的 40 倍！学科特点对于这个值还会有一点细微的影响。比如文科性科目记忆内容较多，很多题目是否会做取决于你是否牢固掌握了知识点，记忆效率更加重要一些，所以这时候的比值应该是更加接近 6。而数理化等科目则需要依靠习题来熟能生巧，公式、定律很少，只要是个正常人都会背。所以，这时候的比值应该更接近 7。（对于后进生也是一样，文科偏向 16，理科偏向 64）。这也可以解释为什么理科科目的提高没有文科科目那么快。大家现在对照一下，你是否达到这个要求了呢？当然，我们明白背后的奥秘之后，很多事情都会变得简单，也能有的放矢了。

最终学科效率

影响因子 \ 学生类别	优等生	中等生	后进生
记忆效率	16	4	1
练习效率	64	8	1
总计	80	12	2

六、成为最年轻的"世界记忆大师"(上):初涉记忆江湖

高二的时候,我的种种表现已经让同学们大呼变态:晚读课不看书直接背诵上课内容、语文课提问虚词用法答案被我一个人"承包"等等。于是有同学开始测试我,结果我把《赤壁赋》的前两大段读两遍就背下来了;33道单选和多选政治题,我用了3分18秒做完,并且全对。结果他们全都服气了。

但是上了大学后,有一天我在人大图书馆阅读关于记忆的书籍时,我才知道原来有人记忆数字这种看似完全无法理解的材料也可以很变态,而且变态程度大大超过了日常学习、生活中的记忆。一个小时记忆1560个数字、5分钟记忆80个历史年代……一个个让我瞠目结舌!这也注定我大学期间脑子不会轻松,而是接受另一个专业的脑力挑战……

1. 梦想还是要有的,万一实现了呢

很多人都很好奇,作为一名在农村成长起来的学生,为什么从小会对各种脑力开发技术那么感兴趣。而我也不是很多记忆大师自述的"从小记忆力不好",好像对于这些也没有那么强的需求。

其实,在我心中这相当于一个侠客梦。和其他男孩子一样,每次看到《白眉

大侠》《小李飞刀》等武侠剧,我都想象自己就是男主角,手持绝世兵器、身怀绝顶武功、杀富济贫、救百姓于水火……当然,我知道这个世界没有那样的人存在,我自己也不可能成为那样的人。逐渐地,我把目光投向了另一个江湖。在这个江湖里面,他们不会飞檐走壁,只是坐在高台之上,极目远眺,运筹帷幄之中,决胜千里之外,谈笑间樯橹灰飞烟灭……我决心要成为智力界的武林盟主!

拿破仑能准确记住设置在法国海岸的大炮种类和位置,在会议上能随口引证19岁时在禁闭室看过的《罗马法典》(我想这也是他能够制定《民法典》的重要原因)。在指挥作战中,他不仅能准确记住他的各个部队的具体战斗位置,而且还能记住许多士兵的姓名和面容,士兵们也因为伟大统帅记住自己感觉备受重视,在战斗中格外英勇。

莫扎特约在1770年到罗马的圣提里教堂欣赏亚里格的演奏。当时是不准任何人取走乐谱的,所以外面还不曾流传这乐曲。散会后,莫扎特回到家中,凭记忆一句不漏地写下来,使人们大吃一惊。

明朝的刘钦谟,一次躲到一家染衣店避雨,闲着无事,把账簿仔仔细细翻了一遍。后来这家染衣店遇到火灾,衣物账本全部付于一炬。顾客索取衣物,掌柜无法应付,乱成一团。这件事恰巧又叫刘钦谟看到了,他就要了一本空白账簿,把衣物账目全部默写出来,各人得到了自己的衣物,一场纠纷由此平息。

……

这样的名单还可以列出一长串,这样的故事三天三夜都说不完,而我想让这样的故事里面也留下我的名字!

每个人在小的时候都有各种各样的梦想:遨游太空、做科学家、获诺贝尔奖、当总统……很多想法看起来荒诞不经,但是正是这样的梦想造就了真

正改变世界的那些人！

马云说："梦想还是要有的，万一实现了呢！"我小时候的梦想虽然没有立即实现，但是当机会来临的时候，小时候种下的种子给了我登上世界级舞台的勇气！或许，你只是因为惊叹于我在各大节目中表现出的惊人脑力，出于好奇才开始阅读我这本书，根本没有想过能够让自己有多大的改变。但是，或许就是这一次机缘，在数年之后，蓦然回首，你已经脱胎换骨！

2. 记忆法是不是骗人的

有一个赛场，场上的选手在我看来都"不是人"。而看到这些选手的表现，我也蠢蠢欲动，想要与他们一决高下。这个比赛就是世界脑力锦标赛（World Memory Championships）。

世界脑力锦标赛是托尼·博赞于1991年发起，由世界记忆力运动委员会（WMSC）组织的世界最高级别的赛事。在这个赛场上，没有观众的摇旗呐喊，没有运动员们挥汗如雨与霸气的嘶吼，只有大脑在高速运转。脑力竞技起源于英国，在欧美发达国家与地区较为流行，在国内当时还很少有人知道。比赛成绩上，也是英德比较强势。

在书中我了解到：当时的中国选手本身的记忆力比较差，在校成绩也并不好，但是通过刻苦的训练，最终取得了"世界记忆大师"的终身荣誉。我心想：我的学习成绩应该相对好一点，如果我去训练，参加比赛肯定能够取得更好的成绩。

想到这里我就把图书馆里面所有关于记忆的书都借过来看，仔细研究。其实，由于"武林盟主"的梦想，小时候的我只要看到"提高记忆力""快速阅读""一目十行""过目不忘"的文章或者广告，就会仔细反复看，反复研究。很多培训在北京，我当时还想过去北京学习，无奈十几年前去北京并不是那么容易，只好作罢。如果书店有相关的书我就买回来，买不起就在书店偷偷看完。当时了解到方法之后，我发现并没有我想象中那么神奇，虽然的确会对记忆力、阅读速度等有提高，但是并不是我想象中那样一蹴而就，加上我当时也没有实际上特别刚性的需求，所以我除了一开始和同学们嘚瑟一下之外，也就没有特别在意了。这个"武林盟主"的计划也就随之淡忘了。但是随着阅读的深入、领悟的深刻，我才感觉到几年前把那些记忆、速读的书弃如敝屣是多么无知。于是，我把书中的方法总结改造之后，开始自己慢慢训练。果然，很快就能够记住很多数字。我开始坚信：代表中国征战脑力锦标赛赛场，成为"世界记忆大师"，为国争光并不是空想，而是完全可以实现的！

3. 记忆法练习的三境界

高僧青原行思曾提出过参禅的三重境界：开始时，看山是山，看水是水；渐悟时，看山不是山，看水不是水；彻悟时，看山仍是山，看水仍是水。

我们接触新事物基本上都会经历这样的三重境界，大多数人停留在第一重境界，所谓的外行看热闹。当初，我对各种各样的脑力开发极其佩服，感觉就像魔术。这就是典型的第一重境界。对此特别有兴趣的人，会寻找方式研究，他们进入了第二重境界，他们对于该事物有了初步原理上的了解，能说出一二。第二重境界看似高于第一重，但是如果达不到第三重境界而止步于此，还不如在第一重境界算了。因为，第二重境界的人是典型的一瓶子不满，半瓶子晃荡。他们自以为了解了事物的本质，实际上是 too young, too simple。他们通常自以为是，所以就不再去认真研究接触到的这个领域。别人提起这个领域的大牛，他们会以一种不屑的口吻说："不就是那……吗？有什么了不起？"包括我在内的很多人在开始真正学习记忆法等大脑开发技术之前都以为自己看完了眼前的"葵花宝典"之后就能够"千秋万载，一统江湖"。最后却发出感叹"知道真相的我眼泪掉下来"，认为自己上当受骗！

只有极小部分人能够进入到第三重境界，经过相信、学习、质疑、推翻自己、重新审视……最终，你会发现其实你面前的确实是"葵花宝典"，只是你之前功力不够，所以没有看出玄妙之处。对于脑力锦标赛的竞技记忆，我通过训练很快就达到了第三重境界。然而，要成为真正的聪明人、真正的最强大脑，数字、扑克牌的竞技记忆实在是太low！希望读者对本书也能够通过认真研读，最终达到真正的脑力第三重境界！

4. 和成功的人在一起，你会更成功

虽然说，我自己觉得我的实力完全可以参赛。但是，看似不是问题的问题出现了：怎么参赛呢？比赛基本都在国外举行，这比赛又不是奥数那种在各级学校有明确选拔机制的，我该怎么去参加呢？我寒假和家人说我想参加的时候，他们第一反应就是这个问题，而我自己也不知道该怎么办。但是，我相信机会总会有的，既然其他中国人能参加，我肯定也可以。

没有想到机会来得是如此之快。2008年的3月31日，2007年世锦赛的队员在人大开宣讲会。我想，他们既然是参加过比赛的，那么对于参加比赛的程序肯定了解，那么认识他们当然就是参加比赛最方便快捷的方式。于是，我果断翘掉了晚上的"中国哲学史"去参加宣讲会。果然，队员们的记忆力展示非常精彩，其中就有后来与我一起参加《最强大脑》的黄金东。我毫不犹豫地缴费报名了，虽然学费已经远远超过了我一个月的伙食费，但是这次投资绝对值得。

成功的定义很简单，你达到了你当初定下的目标就叫成功。你想考试及格，结果果然及格，那就是成功。你想考100分，结果考了99，那就是失败。

成功的捷径就是去找已经达成你心中目标的人，向他学习、和他交流。很多时候，机会稍纵即逝。虽然说我本身在脑力方面的禀赋、悟性、积累、心性都不错，但是如果没有老队员告诉我比赛的一些具体情况，靠着我自己，要参加比赛肯定

要晚一段时间，甚至可能因为时间的拖延最后不会去参赛。

其实很多人也都了解这个道理：要多和成功人士交流。怎么接触那些"牛人"？都不认识，怎么交流？

其实基本上可以分为两种途径：参加该成功人士参与的活动和学术性交流。

你想要向你们的学神看齐（那种天天熬夜，一天学 10 个小时的就免了），你就应该和他成为朋友，看看他是怎么学习、怎么记忆的。参加有他参与的各种活动，领悟他的做事风格。即便是进入大学、走上工作岗位，我们也可以通过这样的方式来迅速提升自己。比如有些人会有授课，那么直接报名参加是最直接有效的，可以详尽地学习、讨论，说不定两人就可以成为良师益友，师生之谊也可以让你和小伙伴炫耀一阵了。

更多的人不授课，但是现身行业的交流活动。作为成功人士，更是经常会受邀到各地开讲座。如果是作家，签售会、读者见面会等更是少不了的……这些都是机会，只要把握好都可以给你提供很多帮助。更有甚者，直接去该成功人士所属机构应聘，据说小米公司的很多员工就是粉丝转化而来的。

以上机会都没有，怎么办？我们要感谢互联网，它让全世界实现了人人平等。你可以直接与他发微博私信、发电子邮件进行交流。如果你的信件内容很有价值，或者你的诚心感动了他，他就很有可能回复。留学申请当中的"套磁"就是把这一手段发挥到了极致。

无论是学习还是人生当中的其他事情，这是一个颠扑不破的真理，我们可以慢慢体会。

七、成为最年轻的"世界记忆大师"(下):成功后的反思

你必须非常努力,才能看起来毫不费力。

1. 掀翻三座大山

课程很快就开始了,讲座是在周一,我们几天后的周六、日就上课了。由于上课地点在北大附近,我这两天早上还没法睡懒觉了,对于我这样的懒虫来讲,真是需要很大的决心和意志力呢。

课程一开始,我们就进行了一场学前测试。在学前测试中,我的中文、英文、数字记忆都是满分,这让老师非常惊讶!

但是,我记得讲座时老师告诉我:像我这样已经做了很多研究的人学习时最重要的就是空杯心态。所以,我依旧很认真地学习,而且班上很多人大、北大的同学,大家都非常聪明、非常优秀,我丝毫不敢懈怠。有什么问题,我就全力开动我的CPU,主动举手回答。通过不懈的努力,在难度陡增的结业测试中我又取得了满分。

由于我的优异表现和对学习的热情,老师也非常看好我。在结束学习后不久就带着我作为优秀学员去了中国农业大学、北京外国语大学等地进行记忆力展示。

黄金东老师还发短信告诉我,他认为我完全可以当年就参赛,并且送了一本

《唐诗三百首》给我背诵。得到世界记忆大师的亲自肯定，让我兴奋异常。但是开心过后，心中更多的是纠结。

这一学期是大学四年当中课程最多的一学期，有 40 多个学分的课要修。尤其是中国古代文学史，有好几万字的材料要掌握，老师还说要用客观题拉分差，看来是故意发这么多材料的，班里面有很多同学已经嚷着要放弃治疗了。我入学第一天就跑去问师兄"人大的最高奖学金是哪个"（估计师兄当时心里肯定说：这小毛孩也太狂了吧），我当然不愿意就此放弃。

学校学习和社团活动（谁让我玩心太重，报了好几个社团呢）已经占用了我太多时间，平时根本就没有时间训练。暑假是唯一的训练机会！

2008 年的北京还有一个著名的大事件——奥运会，而我也很想去做奥运志愿者。但是，脑力锦标赛国家队的队员们又觉得我的实力已经可以参加当年的比赛，虽然之前还没有人刚学习就去比赛。这两边，一个是体育的奥运，一个是脑力的奥运，我都不想放弃。我瞬间感受到了巨大的压力。

就这样，多数同学羡慕的奥运志愿者、少有的学习当年就参加脑力比赛的机会、自己非常看重的学分绩，三座大山压得我喘不过气来。最终，我决定：三个我都要！

我硬着头皮把《中国古代文学史》的几万字内容都背了下来，当然这里面也有记忆法的功劳。老师说要拉开分差的填空题果然被我轻松拿下，一分未失。总分取得了 98，据说是十年之内的最高分！其他科目也非常好，总学分绩排名第一。

之后的奥运志愿者工作也得到了肯定，被评为优秀志愿者。至于脑力锦标赛……，且往下看！

2. 只有苦练才能够出成绩吗

结束奥运志愿者的工作之后，我就立即到无锡我姐姐家中进行训练。我姐姐不是队友也不是记忆力专家，为什么要去她家进行训练呢？因为，我实在不想因为我自己的训练影响周围的人。在图书馆和教室进行过一两次扑克牌训练，周围的同学经常会感觉很奇怪，注意力会被吸引过来，甚至还有人来问我在干吗（估计他们以为我在练习当赌神吧），我自己也很不自在。

在这训练，完全没有任何干扰。当然，除了谁都躲不过的——高温。

比赛当中一个非常重要的项目就是扑克牌记忆。快速扑克牌记忆还好，一小时扑克牌记忆需要选手用一个小时进行记忆，然后用两个小时写出答案。这意味着，这三个小时基本是没法动的。虽然我写答案非常快，半个小时之内基本就可以完成，但是我还需要去核对是否正确，如果错了我还会去总结反思自己为什么会错，下一次怎么改进。所以，基本两到三个小时都得坐在那是肯定的。大厅的环境适合练习，可是大厅太大，没有装空调，开电风扇又会把扑克牌给吹飞。所以，最后我就等于是在30+℃的高温下，坐两到三个小时，当然就是汗流浃背。20天之后，我瘦了15斤。实际上，我每天吃得都很多，而且我姐姐怕我营养不够，一直都让我吃肉。所以，后来只要有人说要减肥，我就说你进行脑力训练吧。

我是8月10日去无锡的，20天之后开学我就回去了。就在这20天当中，我已经脱胎换骨，取得了巨大的进步，很多项目已经有了破世界纪录的实力。

虽然我很早就接触了脑力训练方法，但是这种接触对于比赛来说基本没有意义，因为比赛需要的是训练。看过《飞机驾驶方法》，但没有过驾驶训练，就直接开飞机，坠机肯定比马航MH370还要快。可以说，我真正的训练时间就是这20天。大家一定以为我训练十分辛苦，应该是废寝忘食、焚膏继晷吧！毕竟这么大的提高，肯定不是那么容易的！但是，事实上我并不是特别勤奋的人，所以基本每天的训练时间平均下来就两小时，20天合计40个小时。除了高温，基本和刻苦训练挂不上钩。

那么，我是怎么取得如此大的提高的呢？

首先，要坚定一个信念：成绩一定是有效训练点带来的，而不是靠时间刷出来的。训练时间长必然会刷出有效训练点，但是这样的勤奋未免太傻！

其次，要寻找有效训练点。比如对于数字记忆来说，有效训练点包括：编码熟练、地点熟练、编码连接熟练、编码特点熟练，当这些都没有问题之后，这部分训练就基本完成，就应该转战其他的训练。同样，如果你编码熟练已经没有问题了，地点非常不熟练，你就应该有针对性地训练地点熟练。

再次，学会利用黄金时间进行训练，人脑的黄金时间就是那么几个小时，在应该睡觉的时候进行训练不能说没有效果，只是这种效果如果以生物钟混乱为代价，未免得不偿失！

当想清楚应该怎么分配时间后，就没有必要牺牲日常学习和娱乐的时间去训练，我自信我的实力已经可以攻城略地，这样的心态也促进了我的发挥。

3. 机会垂青有准备的人

9月开学后不久，我顺利通过中国选拔赛，10月13日，我请假去位于广州的训练基地和大家一起训练。

到了这里发现大家的训练都非常疯狂，他们早就来了，进入了忘我状态。我和队友们进行了一些训练交流。改进记忆方法是我最感兴趣的，拼时间的事情我从来都不想干。

在这里我又进一步优化了训练方式，包括一些细节。比如使用自动出铅的铅笔就是在这里形成的习惯。

一个星期后，我们飞赴巴林首都麦纳麦。这还是我第一次坐如此长时间的航班，时差反应让我在下飞机后非常不适应。

10月23日，比赛正式开始，虽然说在场下的成绩已经可以保证我在发挥失常的情况下也能获得记忆大师称号，然而接下来的比赛依旧让我心跳连连。

首先是比赛时间过长，导致中午吃饭时间超过了我10:30~11:30吃饭的习惯。紧接着，午休也自然被压缩。这对于从初三起每天睡午觉的我来说如同炼狱，大脑的状态严重下降。好在平时基础还比较扎实，依然顺利取得世界记忆大师的第一个积分——一小时数字记忆。

第二天的比赛就非常惊险了，在一小时扑克项目中，我突然发现我的牌少了一张！我首先反应是：不好，我记错了，中间推牌的时候可能少推了一张，我赶紧检查。发现仍然是51张。我心中叫苦不迭：这些牌是我们从国内带过来的，经过了仔细的检查、核对，不会出问题的。没想到，在赛场居然莫名其妙少了一张，我一边心中暗骂工作人员粗心，一边赶紧举手。资深裁判珍妮弗来了，我赶紧说："There are only fifty-one cards。"（我这里只有51张牌。）"One card missed？"（少了一张吗？）"Yes, one card missed, one card missed！"（是的，少了一张！）我一边着急一边还得想着怎么用最快的英语表达方式说出来，额头上面全是汗。而且这副牌到底怎么办？我已经记完了，但是又少一张，算分还是不算分……无数的想法在心中跳跃，这种情况估计也是第一次出现，连珍妮弗也不知道该怎么办。她又去和比赛发起人博赞、裁判长钱伯斯等人商量，两分钟后她回来了，拿出一张便利贴贴在那副牌上，上面写着"one card missed"(缺牌一张)。我松了一口气：这副牌应该不算白记。

记忆结束之后，我们开始写答案。在写的过程当中，我轻松推断出"离家出走"的那张是红桃4。最后，这个项目我也顺利拿到了积分。

而最惊险的则发生在第三天。这天的重头戏是比赛中的百米赛跑——快速扑克牌记忆。这也是世界记忆大师的考核项目之一。而我正是在这个项目上面玩了一次空前绝后的大冒险。

这个项目使用的是魔方计时器。开始前，我们的手都放在两侧，开始之后去取牌进行记忆，结束记忆时双手按上计时器。我之前没有用过，为了求快，在记忆完毕的时候没有先放牌后按计时器，而是用手扣住牌，直接按计时器。这也是允许的，但是技术难度非常大，手上的牌有散落到地上的风险。果然，倒霉的事儿发生了：我在按计时器的时候用力过猛，有好几十张牌飞了出去。我当时就傻眼了：这又是什么情况？别人这样也没事啊，怎么就我的牌飞了？这还能算分吗？

而且飞到地上顺序没乱还好说，万一乱了，那真是死无对证啊！

我不敢碰这些牌，以免有作弊嫌疑，我请志愿者把牌捡起来放好。随后，我极力平复自己的情绪，在脑海中回忆刚才记忆的扑克牌的顺序。还好，我的记忆十分牢固。不管这副牌怎么算，我至少把我自己能做到的做好。回忆时间结束，我开始一张一张摆牌。确认无误之后，和裁判对牌，一张、两张……终于到了中间"展翅飞翔"的牌，我忐忑不安地和裁判对着特地放在旁边的这一沓牌，一张正确、两张正确、三张正确……全都是对的，我心里面有底了，还有十几张没有飞的牌肯定没有问题。红桃K、方块Q、梅花6……完全正确！我成功了，我高兴极了，我是世界记忆大师了！我们欢呼雀跃！

老队员的肯定对于我当年参加比赛有着非常重要的作用，而这样的肯定绝对不是你有钱、任性就能够得到的，靠的是你优异的表现。

从比赛的结果再去回顾整个参赛历程，我深深感觉到我的成功绝不是偶然，首先我研读了图书馆里面所有相关的书籍和网上的各种资料。其次，我专门做了课前准备，根据老师的建议放空自己，完全去接受讲课的内容，而不是自以为是。再次，在最初我就明确了目标：我就是要创造奇迹，就是要参赛拿奖！最后，从每个细节入手进行准备，比如自动出铅的铅笔就是很有用的一个小工具。

直到现在很多人都感叹我这段经历真是太顺了，我想说机会每个人都遇到过，但是能把握住的都经过了认真的准备。

4. 会记数字就算大师吗

在拿到世界记忆大师奖之后的一段时间里，除了高兴之外，我心中竟然还有一丝丝的失落：世界记忆大师仅仅就是这样吗？

在我心中"记忆大师"是高智商、聪明的代名词，然而理想很丰满，现实很骨感——"记忆大师"们并不是这样。很多选手为了取得"记忆大师"的名号进行了"巧妙"训练，只突击了数字、扑克牌项目。因为世界脑力锦标赛有着天然的 bug：十大项目当中有六项是数字——快速数字、快速扑克、一小时数字、一小时扑克、二进制数字、听记数字。历史年代也需要记忆数字，算是半个数字记忆项目。这样算来数字记忆占的比重是 65%。所以，只要练好了数字记忆，就可以笑傲赛场。在外行眼中以为他们都是过目不忘、无所不知、笑傲考场，实际上和他们交流多了才发现其实他们有些人知识量比较匮乏、成绩也不理想。除了能记忆一点数字、扑克牌、麻将这类固定信息，还不能跟我们班里面的学霸比，也和我心中的形象相去甚远。

有一段时间，我对此产生了怀疑，我做这件事情究竟有没有意义？我想做的是一个真正的聪明人，而不是记忆数字的机器！

比赛拿奖之后，有个同学找到我，希望"取经"，我就对她谈了我的想法。她听完之后对于从一个"记忆大师"的嘴里说出来这么多否定"记忆大师"的理论感到瞠目结舌，开玩笑说："自己骂自己，不愧是学文学的，有鲁迅的范儿！"

接着她说："你这个说法挺有意思的！正所谓'当局者迷，旁观者清'，我来问你几个问题你应该就懂了。如果我帮你解决了这个问题，你也帮我解决解决司法考试的问题怎么样？"

"好。"

"你是拿了记忆大师奖对吧？"

"晕，我不是刚说吗？当然是！"

"别急,你很聪明,但是需要我的问题你才能明白。你成绩怎么样?"

"第一名。"

"厉害!你知识量怎么样?是孤陋寡闻,正常水平,还是博学多闻?"

"嗯……"

"不要谦虚嘛!这样吧,我问两个比较鸡贼的问题吧!杨贵妃多重?李白和王维作为同时代的大诗人为什么见不到什么唱和诗?"

"135磅,61.5公斤,陈寅恪先生说的,李白、王维是情敌,所以当然不爽。"

"好了,我想你应该明白了。"

是不是"记忆大师"不会决定一个人什么,能决定他的只是他的初心!当你只是想要成为众人眼中的"记忆大师",用记忆扑克、数字吸引眼球的时候,那么必然你会成为"那样"的"记忆大师"。而当你的目的是要真正提升自己的脑力与学习能力,成为真正的天才学霸的时候,你当然就会离这个目标越来越近。

当我想明白之后,我又一次研究起了包括记忆法在内的各种脑力开发技术。我发现,在最基本的原理层次上,锦标赛式的数字类记忆与实际生活当中的文字记忆有共通之处,然而在具体技术上面却是南辕北辙——数字类信息(数字、扑克、麻将、灯泡、色块等,它们组成信息固定,只是顺序变化,如十进制数字永远都是由0~9组成,只是排列顺序不一样)。因为信息固定,可以提前编码,所以强调的是通过训练形成条件反射,看到信息迅速反应编码,然后将编码联系起来记住。而文字信息数量实在太过于庞大(后面学习了数字编码再来看这句话你肯定深有体会),无法提前编码,更依靠强大的联想能力、理解能力和知识储备来现场编码，需要灵活处理。

刻薄一点说：扑克牌记忆是另外一种死记硬背。我教你扑克牌记忆只需要很短的时间，第一次记忆在3分钟到30分钟不等，但是其实你的方法和1分钟、30秒、15秒记忆一副牌的人方法没有什么区别，纯粹是刷时间提升速度而已。这个能力没有迁移性，扑克牌记忆和课文记忆的关联性非常小，虽然原理上面有类似的地方。

所以，中文记忆才是我们学习的重点！在记忆中文的时候，我们要注意更加实用、更加灵活。这样才能够对学习有帮助，而且也更能够真正让一个人更聪明！我发现研究这种记忆非常有价值，所以又继续开始"练功"。当然，那位同学的司法考试也在我的辅导之下顺利通过，在后面我会举例说明怎么记忆法律条文。

5. 如何看待记忆法？为何有人半途而废

这是很多老师不愿意提及的一个话题，却也是绕不过去的一个话题。或许真的是受到鲁迅的影响，我不喜欢向别人炫耀记忆方法有多么多么牛，我更愿意思考这个记忆方法的"丑闻"。

除去"学习"这件事比较枯燥之外（反正我从来不觉得学习比出去玩更爽，境界比我高的读者请自动忽略这一条），另外一个问题可能就是：学记忆方法有用吗？读者朋友们到这里已经不再是小白了，相信你们可以报出正确答案：不一定！

首先，教学者是否有能力让方法有用。不得不说，一些记忆法教师自己只知道记记数字、扑克牌，真正学习的时候根本hold不住。要知道，脑力锦标赛是小部分人玩的，学校学习是大部分人自愿或者被迫都要参加的，两者的含金量根本不可同日而语。每个人都参加的学校考试是检验该老师是否真的搞懂学习的试金石（与其毕业学校无关，关键是成绩排名，北大的倒数第一名说不定还不如某专科学校毕业生）。自己都没有明白学习是怎么回事，以其昏昏使人昭昭，这怎么可能呢？

其次，教的方法是否有针对性。数字、扑克牌的方法是否要学呢？我认为要学，但是要适可而止。一副扑克牌就是 52 张，提高速度就是靠熟练牌的编码和地点，加快连接。常用汉字 3500 个，双音节、多音节词语数不胜数，编码？呵呵！所以，除了最浅显的原理，数字和汉字的记忆难度、重点、方向都大相径庭。针对汉字（这里特指有意义的文章、诗歌等，不是随机排列的），更重要的是理解力、联系新旧知识的能力、引导词提取能力等等，如果教学不能针对应该针对的方面，还在强调死板的、数字编码式的记忆，结果只能是悲剧。

最后，教学者的知识储备是否能够无缝衔接教学。目前国内的记忆法细分市场尚未形成，还达不到每个年级、每个学科配备不一样的记忆法教师的水平，所以记忆法教师承担的教学任务会跨越各个年级和学科。如果知识储备不够，就很难站在学习者的角度来提出合适的记忆方法。

当然，师父领进门修行在个人，学习者也有自己的责任。

首先，要有合理的期望。世上没有灵丹妙药，如果学习了记忆方法马上就秒杀原来的第一名，那这个方法估计早就每个人都抢着学了，也不会到现在还不普及。记忆方法是一个工具，就像自行车，你骑上去腿还是要踩才能前进。不可能指望往上面一坐什么都不干就风驰电掣，那样只会摔倒。

其次，要有不怕麻烦的思想。依然以骑自行车为例，刚开始的时候根本一点都不快，而且还会摔倒，甚至骑到河里面去。但是，经过了这段时间之后，我们就能够享受到这种便捷。不同的是，记忆方法涉及我们的思维方式，不是几天之内就能够改变的，编码不熟练、联系不紧密……我们要做好几个月的作战准备。不过，和人生好几十年相比，这点时间真的不算什么。

最后，要有聪明的记忆策略。比如我一直强调的就是"能不记忆就不记忆"，通过逻辑思维分析来减轻记忆量。总之，需要每个人根据自己的特点确定自己的记忆倾向，避免学会记忆法之后变成另外一种死记硬背。

做到了这些，你会发现：好的记忆方法，你值得拥有！

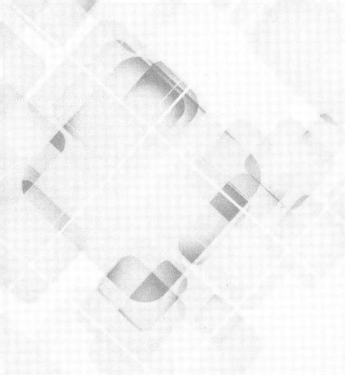

第二篇
最强大脑是怎样炼成的

既然"最强大脑"可以通过训练得来,那么我们又应该做哪些训练,训练时应该从何入手,有哪些需要注意的问题呢?本篇为你解答!

一、你的记忆力怎么样

既然我们想要提高记忆力,那么首先要知道我们目前的记忆力情况如何,现在我们就来进行一个简单的测试。

1. 测测你的记忆力

请准备好纸和笔,集中自己的注意力,全力以赴进行测试。记忆完毕之后,在纸上严格按照顺序默写自己记住的内容,忘记的部分可以留白,如果不留白则算错。

(1) 中文

请按照顺序记住相应的词语(2分钟)

飞机、篮球、阿姨、美国、汽车
蔬菜、外星人、按摩、电影院、小狗
联合国、猪八戒、水蜜桃、兴奋、跳舞
飞扬、报警、聪明、课程、郑才千

(2) 英文

请按照顺序记住相应的英文字母(2分钟)

hippopotomonstrosesquippe

（3）数字

请按照顺序记住相应的数字（2分钟）

14159265358979323846

26433832795028841971

2. 你的记忆力能得几分

现在，请严格按照顺序批改你的答案，前后顺序颠倒的、错行的、漏写的都不能算对。词语每个5分，字母每个4分，数字每个2.5分。总分是300分。

得分在100分以下：你的记忆力目前没有得到很好的运用，现在还有很大一部分没有开发。你平时应该也经常被糟糕的记忆力困扰，在学习科学的记忆方法之后，将会发生不可思议的改变。

得分在100~180.5分：你的记忆力运用达到了一般层次，一些简单的记忆任务可以轻松完成，但是遇到比较复杂的材料就会感到束手无策。没关系，通过方法的学习，可以轻松获得提升。

得分在181~280.5分：你的记忆力在周围人中已经属于非常不错的，大部分的记忆任务对于你来说是小菜一碟，这样的基础在学习科学记忆方法时也会让你感到如虎添翼。

得分在281分以上：你的记忆力已经达到了未经训练者的巅峰，在朋友眼中你应该是个天才吧。聪明的你在自己记忆的过程当中也慢慢总结出了一些记忆的小窍门，很多你所用的小窍门其实也符合我们科学记忆方法的原理，而经过系统学习之后，你的记忆力会发生质的飞跃，成为真正的天才！

二、记忆的秘密

长久以来,记忆在我们心中的地位都非常高。在希腊罗马神话中,宙斯和记忆女神谟涅摩绪涅（Mnemosyne,也是英文单词"memory"的词源）在一起共九天九夜,生下了著名的九位缪斯女神。在中国的史书中,"过目辄成诵""书过目终身不忘"更是大部分天才诗人、文学家的"标准装备"！

那么,奇妙的记忆背后究竟隐含着什么样的秘密？究竟怎么样才可以拥有天才般的记忆？下面,由我带大家走进奇妙的大脑世界……

1. 什么是记忆

我们感知过的事物、思考过的问题、感受过的情感以及操作过的动作,都可以存储在大脑当中,在必要时又可以将它们复现出来,这样的过程就是记忆。

记忆分为三个环节：①识记：信息输入；②保持：信息储存；③回忆：信息提取。

当然,以上是比较严谨的科学定义。我们可以说得更加简单一点,记忆就是"记"和"忆"的结合。记就是信息输入,忆就是信息输出。

比如：学习"apple（苹果）"这个单词,我们首先通过抄写、朗读等方式记住它的音、形、义,存储进入大脑,这就是记。然后,考试时我们提取在大脑中存储的信息,根据要求写出它的拼写或者词义等,这就是忆。

2. 记忆的三种类型

我们经常听到周围的人说我的记忆力真好或真差，还有说我以前的事情记得很清楚，现在的事情经常忘记，等等，这些说法五花八门，究竟记忆的真面目是什么呢？

记忆，按照保持时间来分，可以分为三种：瞬时记忆、短时记忆、长时记忆。

瞬时记忆是指在我们的感觉通道保留一瞬间的记忆。它是短时记忆和长时记忆的基础，我们用得比较多的感觉通道主要是视觉与听觉两种。通过这个通道形成的记忆一般被称为图像记忆与声像记忆。

比如，我们读下面这句话"我觉得这本书很好看"，里面每一个单个的字是无法表达这句话的核心含义的，我们也没有刻意地去记忆每个字，那么我们怎么能够理解这句话的意思呢？就是因为我们有瞬时记忆的能力，在大脑中把它们连成了一体去理解，而不会读了后面忘了前面。这种记忆的保持时间很短，图像记忆保持的时间约 0.25 秒~1 秒，声像记忆不长于 4 秒。比如，你后面又读了很多句子，我再来问你这一句的精确信息，你就很难说出来了，可见瞬时记忆是很不稳定的。

短时记忆是指保持时间在 1 分钟之内的记忆。如对信息加工编码，就能储存在长时记忆中。可见，短时记忆与长时记忆密切相关又截然不同，我们着重研究的就是如何把短时记忆转为长时记忆。

日常生活中最为常见的短时记忆应该就是记忆电话号码了。为了联系某人，我们会去查找号码，得到之后立刻拨号，等到电话打完，再问你电话号码是什么，大多数人也就很难想起了。

短时记忆的量很有限，一般称为"魔数7"。1956 年，美国心理学家乔治·米勒发表了论文《神奇数 7±2：我们加工信息的能力的某种限制》，他在论文中明确提出短时记忆的容量为 7±2，也就是说正常人的短时记忆容量是 5~9 个。但如果我们对信息进行编码、组织，这个容量还可以扩大。这也是为什么很多读者在没有学习记忆法之前，做我们的测试时也能够得到很高的分数，因为他们在记忆时不自觉进行了某种组织和编码。比如，记手机号码就是很典型的例子，手机号码一般有 11 位，超过了米勒的规定数量，为什么我们很多人没有学过记忆法，也可以记得自己和亲朋好友的号码呢？因为我们一般是这么记忆的：139-1897-3768、1391-8973-768、139-189-73768……无论是哪一种，很明显：我们已经通过停顿、节奏的方式把它们划分成 3 个部分来记忆。

这就是米勒提出的组块概念，所谓组块就是把若干个小记忆单位组合成大的记忆单位。短时记忆的容量不是按照信息量来计算，而是按照组块来计算。一个组块可以是一个数字、一个字母，也可以是一个单词、词组，还可以是一个短语。究竟一个组块可以容纳多少信息，这与记忆者的记忆方法、思维方式、知识基础有很大的关系，我们要做的就是尽量使组块内的信息量变大！举个例子"春眠不觉晓，随风潜入夜，举头望明月，更上一层楼"。对于大多数人来说这段话出自 4 首著名的唐诗，只相当于 4 个记忆单位。但是，如果把这段话给一个刚刚学习中文的外国人看，显然就不会是 4 个记忆单位。可见，信息的加工、编码对于减轻我们的记忆负担非常重要。

接下来谈谈我们最关心的长时记忆。长时记忆是大脑中长久保持的记忆，它的两大特点相信也是大家非常喜欢的：

第一，记忆容量无限

长时记忆是一个真正的信息库，记忆容量似乎没有限度，它可以存储我们所知道的一切信息。从来没有人因为之前记忆量太大，后来就记忆不进去了。长时记忆的容量究竟有多大，一般认为有 10^{15} 比特，换算为文字：这大概是 13 亿本书的信息量，相当于 45 个国家图书馆的藏书量！绝对够你用了吧！

第二，信息保持的时间非常长

长时记忆中的信息保持时间在 1 分钟以上，可以达到几年、数十年甚至一生。

3. 为什么会遗忘

我们读过的书、听过的音乐等等，都会进入到瞬时记忆，那么瞬时记忆"过期"之后，那些信息去了哪儿呢？消失了吗？为什么我们会突然想起很久之前的某件事情的细节？

能够比较合理解释这些"反常"现象的是信息论。根据信息论，这个世界上根本就没有"遗忘"这回事。所有我们接触过的信息都会无条件进入记忆，遗忘不过是信息提取出现了障碍。

我们不会遗忘？这是真的吗？比如，我们考试之前背诵了一篇课文，非常熟练。但是，考试的时候仍然有可能因为紧张想不起来其中某几句，俗称"卡壳"。更加"坑爹"的是，出了考场居然又想起来了，可惜悔之晚矣！相信很多人都有过这样的经历。出了考场能够想起来说明我们并没有遗忘，这就是典型的信息提取出现了障碍。

那么，为什么会出现障碍呢？

从主观方面来讲，心态是很重要的原因，过于紧张会影响真实水平的发挥。虽然有很多方法可以调节（比如我们后面讲到的丹田呼吸法），但是很少有人能够完全控制好自己的心态。2004年雅典奥运会，当时排名世界第一的林丹爆冷出局，很多人都认为是心态问题。一位世界级运动员尚且如此，何况我们呢？

这就好像你有一座图书馆，平时都是随便放书进去的。有一天，出现了一个紧急情况，需要在很短时间内找到某本书，这个时候你面对一大堆胡乱摆放的书，能迅速找到吗？

难道我们就要放弃治疗？当然不是！我们可以从其他角度入手——建立回忆线索！

2015年1月9日的《最强大脑》中，孟非在现场尝试背诵了一下100以内的质数，在背诵到29、63等数字时发生了错误。

我们假设如果是背诵自然数表1、2、3、4……，还有人会错吗？肯定不会，因为从 1 开始，后面依次加 1 就可以了。"依次加 1"就是回忆线索！

孟非在学生时代背诵 100 以内质数表是直接背诵，缺乏回忆线索，所以中间会断断续续。如果把 23 和 29 两个质数联系在一起来记忆，自然就不会对 29 是不是质数产生疑问。运用这样的方法，一直背诵到 1000、10000 也不是难事。

4. 我们需要什么样的记忆

了解了记忆的各种类别和特点之后，我们需要什么样的记忆也就非常明显了。它应该具备以下的特征：

（1）长久

我们要记忆的信息肯定是比较重要的信息，因此记忆必须长久保持，不能在需要用的时候"掉链子"。

（2）大量

我们在工作、学习、生活等各个方面都有很多信息需要记忆，所以，自然需要记忆的量要足够大。

（3）准确

虽然记住了很多信息，也能够成功提取，但是如果回忆出来的信息不够准确也不行，甚至有时还不如没有记忆。比如，有一道题目需要某个参数，你记得这个参数，但是差了一个小数点，那么肯定就会错，还不如去查教材来核对。

（4）快速

通常来说，记忆的作用仅在于当时当地，如果不能够及时、迅速提取，等到其他时间才提取出来，也没有用了。比如考试时我们想不出来某个公式、参数，等到出了考场脱口而出，只会更痛苦。

5. 记性和实际记忆力

"记性"也是我们经常会说的词，很多人认为记性就是记忆力，其实两者是有区别的。"性"注重个性、性格，一个人的记忆力可能很强，但是如果他没有经常记忆的习惯，可能在生活当中并不会让人感觉到记忆力非凡，只有在需要火力全开进行记忆时，才会表现出超常的记忆力。

记性不好是一个性格、个性的问题，不是能力的问题。我们都读过很多大科学家如牛顿、维纳在生活当中丢三落四的故事，能够成为大科学家可以说即便不是天才也绝对算聪明人，他们的记忆力不可能差到离谱的地步。唯一的原因就是他们并没有把这些生活琐事纳入他们的注意力范围，并没有去动用记忆力。

"实际记忆力"是我们最终表现出来的记忆力，它受到很多因素影响：原始记忆力、记忆方法、记性。用"打架"来类比，显然，有的人天生力气大，是会有优势的，这就相当于原始记忆力。而对于受过训练的人来讲，力气已经不那么重要了，他们在截拳道、跆拳道、空手道、咏春拳等武术上面的水平才是关键，这些就相当于我们的记忆方法。还有就是有的人怀着必死的决心来和你打，这种人显然不好惹，战斗力是有加成的，这就相当于有的人有着很好的记性，记忆的决心、动机也很强。

而这个例子也很好地告诉我们，究竟应该怎么做，才能最大效率地提高记忆力。原始记忆力和力气大小一样可以训练，但是要发生质变是不太可能的，一个很瘦小的人很难想象依靠不间断训练变成专业的举重运动员。而李小龙从少时的体弱多病到后来一代宗师的故事则告诉我们：方法是可以让人发生质变的。至于记性，属于性格范围，通过催眠、心理暗示等一定的引导可以改变，但是见到什么信息都记忆其实也有点"魔怔"，还是自由控制比较好。

三、记忆法三部曲之一——想象

在很多人看来,想象没有什么稀奇的,不就是运用图像去记忆?人人都会!不过,想象看似寻常,却是提高记忆效果的关键!而且我们的记忆方法本来就是帮助普通人提高记忆力,而不是小部分天才!运用图像的作用有多大呢?我们可以做个实验,下面给大家介绍两个朋友认识一下:

弗拉基米尔·伊里奇·乌里扬诺夫

阿列克塞·马克西莫维奇·彼什科夫

觉得还行?还能记住?再来一个:帕布罗·迭戈·荷瑟·山迪亚哥·弗朗西斯科·德·保拉·居安·尼波莫切诺·克瑞斯皮尼亚诺·德·罗斯·瑞米迪欧斯·西波瑞亚诺·德·拉·山迪西玛·特立尼达·玛利亚·帕里西奥·克里托·瑞兹·布拉斯科·毕加索。

感觉怎么样?现在,我们来换另一种方法,看下面三幅图:

这下都记住了吧,没错,他们分别是列宁、高尔基和毕加索,我们哪怕只花 1 秒钟看他们的照片,以后肯定能够一眼认出。而他们的全名你要多久才能记住呢?恐怕花一整天 86400 秒去记住,几天之后也难保不出错吧?

所以说,千言万语不及一张图,**见到信息就转化成为图像,这是我们需要时刻牢记的理念**。

想象的秘诀

想象的巨大作用大家都看到了,那么我们应该如何进行想象效果才更好呢?

(1)色彩

现实生活是丰富多彩的,我们在想象时也一定要创造出色彩鲜明的形象,这样才能够印象深刻,也最符合我们的心理期待。我小时候只有黑白电视,当时看得津津有味,等到后来看了彩色电视之后,再看黑白画面就完全不能接受。所以,记忆时也是这样,大脑更喜欢色彩鲜活的画面。

(2)具体

想象时越具体越好,比如我们测试中的"小狗",想象一条小狗,那么就要确定它是什么品种、什么颜色、有多大……在我们的脑海中建立起一个饱满的形象。

（3）多感并用——给记忆加上几条安全绳

想象时，不仅仅要调动视觉，想到画面，还要充分调动各个感官，从听觉、触觉、嗅觉、味觉等多个感官通道来塑造我们脑海中的形象，使之更加具体、鲜活。仍然以"狗"为例，记忆时不仅仅要"看到"它的样子，还要在脑海中听到犬吠、摸到皮毛甚至闻到狗屎的臭味！

我们如果从多个感觉通道进行记忆，回忆时也可以从多个通道进行。假设，我们忘了信息视觉方面的特征，还有听觉特征，忘了听觉特征还有嗅觉特征，忘了嗅觉特征还有味觉特征。这就相当于攀岩时的安全绳，死记硬背是徒手攀岩，没有任何保护措施，单纯使用画面相当于系了一根安全绳，多感并用则是系了好几根安全绳，断了一根还有其他的。哪个靠谱，一目了然！

练习

请按照想象的三条秘诀对下列 20 个词语进行想象，并写出每个词语经过你想象之后各方面的具体特征。

飞机、篮球、阿姨、美国、汽车

蔬菜、外星人、按摩、电影院、小狗

联合国、猪八戒、水蜜桃、兴奋、跳舞

飞扬、报警、聪明、课程、郑才千

四、记忆法三部曲之二——编码

想象可以大幅度降低记忆的难度,然而通过前面的练习我们也发现有些词不是特别容易进行想象,并不是每一条信息都是像"小狗"一样有对应的形象。这个时候,我们需要对信息进行编码,然后才能进行想象。编码听起来很神秘,其实我们每个人都会,所谓编码就是把信息赋予特定意义。

1. 走近神秘的编码

正是因为编码的存在,那些看似非常晦涩难记的数字、扑克牌、麻将、字母、无规律汉字、色块等才会被轻松记住,甚至可以说以上列举的是记忆中最简单、最低级的,也是所有智力活动当中最不需要天赋的。看完本书之后,如果你愿意天天坚持不懈地训练,日后的世界纪录必然属于你!

怎么?不相信?我们先来比较难的例子,等难的搞定了,其他的更加不在话下。比如 --..-.-. --.- 这一串符号(摩尔斯密码)是什么意思呢?又应该怎么记忆呢?

(1)技术宅的世界你们不懂

如果我不提示,恐怕很多人都猜不出来,这其实是摩尔斯密码当中我的姓名首字母"ZCQ"的表达方式。当你懂得摩尔斯密码之后,这一串符号就非常容易理解了。

那么如果我发明一套"郑才千密码",把 26 个字母重新编码,"ZCQ"的表达方式很可能就不是这样。同样的道理,在我们学习英语之前,那些字母就是"鬼画符"。所以,面对很生涩的材料,我们可以大胆地把它们重新编码、重新赋予意义。通过编码的方式把复杂、难懂的信息转化成简单、易记的信息,这可以说是化腐朽为神奇的一步!在本书第三篇的实战部分,你会具体看到这个过程。

摩尔斯密码表(部分)

A .-　　B -...　　C -.-.　　D -..　　E .　　F ..-.　　G --.
H ....　　I ..　　J .---　　K -.-　　L .-..　　M --　　N -.
O ---　　P .--.　　Q --.-　　R .-.　　S ...　　T -
U ..-　　V ...-　　W .--　　X -..-　　Y -.--　　Z --..

(2)文艺青年的独家腔调

每个人都有属于自己的独家编码方式,刚才我们是用"技术宅"的方式来对这些横横点点进行编码解读,那么如果一个"文艺青年"遇到这些又会有什么样的联想呢?

我抬起头来,第一次看见了墙上那个斑点。我透过香烟的烟雾望过去,眼光在火红的炭块上停留了一下,过去关于在城堡塔楼上飘扬着一面鲜红的旗帜的幻觉又浮现在我脑际,我想到无数红色骑士潮水般地骑马跃上黑色岩壁的侧坡。这个斑点打断了这个幻觉,使我觉得松了一口气,因为这是过去的幻觉,是一种无意识的幻觉,可能是在孩童时期产生的。墙上的斑点是一块圆形的小迹印,在雪白的墙壁上呈暗黑色,在壁炉上方大约六七英寸的地方……如果这个斑点是一只钉子留下的痕迹,那一定不是为了挂一幅油画,而是为了挂一幅小肖像画——一幅卷发上扑着白粉、脸上抹着脂粉、嘴唇像红石竹花的贵妇人肖像。

这段内容出自意识流小说家弗吉尼亚·伍尔夫的著名作品《墙上的斑点》,

这里只是节选了一小部分，大家可以看到这个脑洞已经开得非常大了，"扯"出一大串和斑点八竿子打不着的事物！有兴趣的读者可以去看看原文，会更加惊讶。我们可以引导大脑通过各种我们喜欢的方式把看似很艰涩难懂又抽象的材料变成很简单的材料。

（3）那些年我们一起记过的编码

懂得了编码的原理之后，我们来具体看看各种各样的编码，对于各种炫酷的记忆秀就会有全新的认识！

1）数字

数字编码可以说是基础中的基础，几乎所有让人瞠目结舌的记忆表演都是借助数字或者类数字编码（指与数字编码原理极其相似的编码，如扑克牌等）。

数字编码表

数字	编码	数字	编码	数字	编码	数字	编码	数字	编码
1	蜡烛	2	鹅	3	耳朵	4	帆船	5	秤钩
6	勺子	7	镰刀	8	眼镜	9	口哨	0	呼啦圈
01	灵药	02	铃儿	03	凳子	04	零食	05	礼物
06	手枪	07	锄头	08	溜冰鞋	09	灵柩	10	棒球
11	筷子	12	椅儿	13	医生	14	钥匙	15	鹦鹉
16	石榴	17	仪器	18	腰包	19	药酒	20	香烟
21	鳄鱼	22	双胞胎	23	乔丹	24	耳屎	25	二胡
26	二流子	27	耳机	28	恶霸	29	阿胶	30	三轮车
31	鲨鱼	32	扇儿	33	袁姗姗	34	绅士	35	山虎
36	山鹿	37	山鸡	38	妇女	39	三九感冒灵	40	司令
41	司仪	42	柿儿	43	石山	44	蛇	45	师傅
46	饲料	47	司机	48	石板	49	死囚	50	武林盟主
51	工人	52	鼓儿	53	乌纱帽	54	青年	55	火车
56	蜗牛	57	武器	58	尾巴	59	蜈蚣	60	榴莲
61	儿童	62	牛儿	63	硫酸	64	螺丝	65	尿壶

（接上表）

66	溜溜球	67	油漆	68	喇叭	69	太极八卦	70	麒麟
71	鸡翼	72	企鹅	73	七仙女	74	骑士	75	西服
76	气流	77	卢沟桥	78	旗袍	79	气球	80	巴黎铁塔
81	白蚁	82	靶儿	83	白衫	84	巴士	85	宝物
86	八路	87	白旗	88	爸爸	89	芭蕉	90	精灵
91	球衣	92	球儿	93	旧伞	94	教师	95	酒壶
96	酒炉	97	紫荆花	98	酒吧	99	舅舅	00	望远镜

从上面的数字编码表可以看到，编码的方式非常简单，大部分是谐音，比如15与"鹦鹉"是谐音。还有象形，比如0与"呼啦圈"、1与"蜡烛"、69与"太极八卦"等。而03与"凳子"、06与"手枪"、20与"香烟"等是意会，因为圆凳子是3条腿，手枪有6发子弹，一包香烟有20根。比较特别的是59，因为记忆方法由国外传入中国时，首先是传入比较开放的香港，粤语中9和"蚣"的读音比较相近，所以59"蜈蚣"也是谐音。38、51、54、61等则是由节日编码而来。

2）扑克牌

扑克牌编码通常来说是将花色转化为数字，这样一张牌就变成了一个两位数，从而可以直接借用数字编码。花色对应什么数字可以依据个人喜好，容易记忆即可。

比如，方块是4个角，就定为4；梅花是3个瓣，就定为3；红心有2个瓣，就定为2；黑桃自然就是1。这样，比如黑桃2就是12，；红心2就是22……

至于J、Q、K可以继续选择其他的数字编码来借用。这样，你大概就知道那些超炫的扑克牌记忆表演是如何来的了吧。

3）麻将

至于麻将牌的记忆比起扑克牌更加简单，麻将牌可以分为两大类：点数牌和非点数牌。

点数牌即"万""饼""条",和扑克牌一样,我们也可以把花色定为特定的数字。这样一来,每一张牌又变成了数字,而数字是有固定编码的。

非点数牌即字牌、花牌、百搭牌,它们中很多本来的名称就很容易想象,比如财神、猫、老鼠、聚宝盆。剩下的也很容易联想到具体形象,比如"春、夏、秋、冬"可以分别联想到:迎春花、太阳、落叶、雪花。

2. 编码的秘诀

(1) 任人唯亲

无论见到什么材料一定要转化成为自己非常熟悉的材料。比如说,大家都觉得李若彤版的小龙女最美,但是由于这一版已经过去太久,对于最近看新版《神雕侠侣》的童鞋们来说,"小笼包"在脑海中的形象才是最熟悉的。比如,"92—球儿"可以是足球、篮球、乒乓球等等,那到底用哪一种呢?就要看你最熟悉哪个了。

(2) 以貌取人

记忆时一定要把信息转化为有具体形象的事物,而不是看不见、摸不着的。无论是李若彤还是陈妍希,毕竟我们看完之后会有一个印象在脑海中。而如果直接看金庸的原著,虽然描写非常传神,但是我们脑海中仍然是模糊的。

3. 编码碰到问题怎么办

（1）编码记不住怎么办

前面给出的数字编码表只是一个参考，最好的编码应该是你自己做出来的。所以，当你发现有些编码记不住时，第一反应应该是这个编码是否适合你。如果这个编码涉及的背景知识你并不了解，或者你觉得所谓的"谐音"也不是很"谐"，那么就大胆改掉它。

如果你觉得这个编码也还算好用，那么——不断重复训练才是你的归宿。此外，虽然编码可以改，但是不可以经常改，否则会导致记忆混乱，隔久了自己都不确定当时用的是哪个。

（2）想象力差怎么办

有的人感觉要在脑海中出现特别生动具体的形象很难，因而认为自己不适合这种方法，其实大可不必。

对于想象力比较差的人，首先可以通过不断地训练来强化这种能力，其次可以抓住信息的几个重要特征，不一定要详细想象图像。我们可以多多寻找自己最敏感的感觉通道，比如对于"小狗"，有的人可能喜欢狗的气味，有的人可能印象深的是狗吠……不一定都要靠视觉，选择自己最擅长的即可。

练习

请记忆并熟练本节的数字编码表，达到能够在 1 秒内看到数字就反应出其编码的速度。

五、记忆法三部曲之三——联系

通过编码和想象的方式得到的具体形象固然让你一目了然、印象深刻,但是连续几十个、上百个形象,你还能够轻松记住吗?我们试试看:唐国强、张国立、陈坤、许晴、邬君梅、江珊、李连杰、成龙、刘德华、黎明、姜文、胡军、冯小刚、陈凯歌、陈道明、陈宝国、葛优、陈好、甄子丹、赵薇、孙红雷、李幼斌、邓超、黄晓明……虽然是我们非常熟悉的明星,但是要记住也够呛吧?但是,如果你去看一遍《建国大业》,难度就大大降低了,因为他们都是这部电影的演员。看电影记不住里面明星演员的应该很少吧?这就是联系的作用,大量的材料之间需要有联系才方便我们回忆,就连图像也是如此。

1. 联系三方法

联系的方法有很多种,总体可以分为三大类:锁链法、导演法和路线法。这三种方法各有特点。

(1) 锁链法

这种联系非常简单,就是把要记忆的信息像锁链一样环环相扣,一个接一个地联系起来。

（2）导演法

这是很多人无师自通的一种方法，就是像导演一样把要记忆的信息编成故事来进行记忆。其实我们很多人在幼儿园、小学时都不知不觉中使用了这种方法，比如老师会给我们几个词语，然后说"请小朋友们用这几个词语编一个小故事"。可以说，这种方法没有什么难度。要注意的是：导演法可以"瞎编故事"，但是锁链法则要求第一个、第二个、第三个……依次相连，第一个与第三个是不可以发生联系的。

（3）路线法

这是一种比较专业的方法，相传起源于古罗马的"罗马房间法"。当时的西塞罗等政治家在记忆长篇演说词时采用的就是该方法。简而言之，路线法就是把要记忆的材料一个个地放到相应的地点上，地点之间自然连成一条路线，回忆时再按照路径进行提取。

由于这三种方法有很多规则和注意点需要说明，所以后面将用单独的章节详细讲述。

2. 联系的秘诀

（1）身临其境

我们在做联系时最好充分调动各种感官，让自己能够身临其境，这样印象会更加深刻，而且可以让我们的精神状态更好。以打麻将为例，很多大爷大妈可以通宵打麻将，还精神抖擞，我这么年轻都自愧不如。难道他们都是"练过的"？其实就是因为打麻将过程当中手中摸着麻将，眼中看着麻将，心中想着麻将，嘴里说着麻将，耳朵听着麻将，鼻子估计还要闻着汗味儿，感官全方位调动，精神岂能不好。大家在联系时如果发挥这种精神，一定可以有很好的效果。

比如，平时我们也会经常听到老师说要将朗读、抄写、做题目等方式结合起来，道理是一样的。

（2）重口味

看电影时，什么情节让你印象深刻呢？除了少部分打动你内心的，估计大部分时候是血腥、暴力、恐怖、恶心等重口味镜头会给你的感官最强烈的刺激。我们在联系时，这种"很黄很暴力"的联系也是上佳选择。

（3）发现而不是制造

我们在联系时，最好能够从事物（信息会被我们转化成为具体的事物）的本身属性出发，看看这些事物一般来说会做什么事情，进而去发现这几个事情之间可能会发生什么联系，而不是自己去"拉郎配"。一方面，这样的联系我们内心容易接受；另一方面，这样建立联系比闭门造车要轻松很多。

比如小狗会做的事情有这么几个：吠、啃骨头、咬人、奔跑、接飞盘，那么"小狗"和"联合国"之间的联系就很容易了：小狗去联合国狂吠、小狗去联合国的晚宴上找骨头啃、小狗去联合国咬人、小狗去联合国撒欢奔跑、小狗请联合国工作人员和它玩飞盘。

六、联系三方法之锁链法

锁链法顾名思义就是把要记忆的材料一个一个像锁链一样连在一起，这样我们就可以按照顺序依次回忆出全部的内容。

下面我们将一组词语进行锁链记忆：

飞机 篮球 阿姨 美国 汽车 蔬菜 外星人 按摩 电影院 小狗

没错，这就是我们前面记忆测试中的词语，这里选取了10个词语，如果记忆成功，就突破了"7±2"的极限！

我们可以想象有一架飞机从高空投下了一个篮球，篮球砸到了阿姨，阿姨感觉很痛，就跑到了美国治疗，美国很多人在开汽车，汽车装满了蔬菜，这些蔬菜是送给外星人吃的，外星人吃完了就去按摩，按摩在电影院进行，电影院跑出了很多小狗。

在构建联系时，尽量想象出具体的场景与形象，可以帮助你更好地记忆。一般没有任何基础的人，看过一到两遍就可以流利背出，并且可以任意顺背、倒背。上面是我构建的联系，如果是你自己想出来的，会更适合你，效果会更好。

1. 热身练习

钥匙　鹦鹉　球儿　　尿壶　山虎　芭蕉　气球　扇儿
妇女　饲料　二流子　石山　妇女　扇儿　气球

这里共有 15 个词语，比刚才增加了 5 个，并不算多。我来举几个例子，比如说"钥匙插进了鹦鹉的身体里面，鹦鹉踢球儿，球儿掉进了尿壶"。我先举例到这里，现在自己试一下。

怎么样？还顺利吗？看看我的学生们有什么奇思妙想。

> **师兄师姐陪你学**
>
> 钥匙砸在了鹦鹉头上，鹦鹉很痛很生气，去踢球儿。球儿砸到了尿壶里，尿壶里的尿溅到山虎身上，山虎拔芭蕉叶想用它擦干净，谁知芭蕉上连着气球，气球飞跑了撞在了巨大的扇儿上，扇儿撞倒了妇女，妇女气呼呼地找饲料喂猪，饲料却倒在了睡在猪圈里的二流子身上，二流子被发现后逃到石山上，石山原来是神仙变的，它来找妇女教妇女神功，妇女学会了武功狠狠地砸扇儿，扇儿被砸开了刺破了气球。
>
> ——包文彬

这个例子是比较标准的锁链法，环环相扣，一气呵成。

2. 锁链法怎么用

（1）使用具体图像

词语中的"妇女"假设你选用一个女明星来对应，那么到底是谁呢？是艾玛·沃特森还是桂纶镁，她当时穿什么衣服？穿什么鞋子？什么发型？我们使用时要出现具体形象。

（2）图像相连并且接触

"钥匙上面画着一只鹦鹉""尿壶里面有一只山虎"，如果这样连接，就是没有真正接触。如果不明白，我们夸张一下就可以看出来不理想在哪了：钥匙上面画着鹦鹉、球儿、尿壶、山虎、芭蕉、气球、扇儿、妇女、饲料、二流子、石山、妇女、扇儿、气球，这样你能够记住吗？

（3）动起来

"尿壶里面有一只山虎"，这个句子中的"有"就是典型的错误，我们需要给人动感的词语，比如"尿壶砸死了山虎"。

（4）使用同一个图像

还以"妇女"为例，选择艾玛·沃特森还是桂纶镁都可以，但是一旦选定就不能变了，不能一会儿是艾玛·沃特森，一会儿是桂纶镁，那就会干扰我们的记忆。

（5）不得出现三角恋的狗血剧情

另外还有一个例子是"山虎用芭蕉扇气球"，这也是一个典型的错误。锁链法是记忆法的基础，在刚刚学习记忆法时，需要严格按照规则来（以后方法掌握得比较熟练了，"山虎用芭蕉扇气球"也是可以用的）。记住在初学时，记忆材料只能两两相连，不得三个、四个同时出现。

3. 碰到问题怎么办

（1）第一个词语就想不起，怎么办

虽然概率较低，但是这种舌尖效应，没有任何人能够百分之百避免。这个时候，首先要稳定情绪：死记硬背也不可能一个都想不起来，慢慢回忆，肯定可以想起一些信息。不过，我们没有必要死磕第一个，一般来说无论是死记硬背还是科学记忆，头和尾是我们印象比较深刻的，我们应该迅速回想最后一个，然后逆推回第一个。比如我们回忆出最后一个是"气球"，则继续想什么事物与气球发生了联系即可。

如果尾也想不起，那就平心静气、放空大脑，等待信息的出现，这个时候有可能出现任何信息，如果是第一个当然好，如果是最后一个或者中间的，也没有关系，往前后推就可以了。

（2）卡壳了，怎么办

这与前面的问题类似，都是属于锁链扣得不紧，解决方法也类似。假设该信息为 X，这个时候我们要尝试 X 的下一个信息是否能够想起，如果可以，就通过前后信息的双向"夹攻"帮助回忆。如果发现没有效果，可先跳过，直接往下，等后面全部完成再来尝试回忆。

如果发现 X 的下一个信息也想不起了，可以尝试回忆最后一个信息，然后反推到 X。

（3）以上问题如何预防

以上问题之所以会发生，有可能是偶然事件，但更多还是当时锁链扣得不紧导致。这里推荐从信息本身属性出发。比如"鹦鹉"给我们的印象是：一种鸟、会说话、一般被关在笼子里，那么在联想时就要从这些属性出发，比如因为鹦鹉被关在笼子里面，就很容易想到钥匙打开笼子，鹦鹉飞了出来。这样做的好处是可以避免"我不知道这两个词怎么连在一起"的问题，大大加快了记忆速度，并且在回忆时也有明显的线索。

以上方法也适用于下面的导演法，下文不再赘述。

七、联系三方法之导演法

导演法就是像导演一样把要记忆的内容编成故事进行记忆。这个方法应该说是难度最低的方法了，无论是集训营还是一对一、网络课，每次学前测试，总会有同学可以得到 90% 左右甚至更高的分数，乍看起来这个就和"魔数 7"理论不符合了。了解之后发现，原来他们都是在不知不觉当中"乱编故事"进行记忆的。

不像锁链法有那么多规则，你的故事当中出现狗血剧情、逻辑不通、血腥暴力、废话连篇……都不是问题，只要你自己能够想起来这个故事就可以了。

我们来看一个例子，这里有 15 个词语：

爆米花　图书馆　狼狗　书包　　大树　太阳　石头　救护车
方便面　电视　　牙签　餐巾纸　电话　火警　行李

用普通的方法来记忆比较困难，连这些词都很难记住，更不用说次序了。然而，如果你把它们编成一个故事，这 15 个词连同其次序就能长时间记住。那么怎么才能做到呢？

一位老爷爷也尝试过："我吃着爆米花去了图书馆。路上碰到了一只狼狗追我，我就跑。跑的过程中书包丢了。狼狗还追我，我就爬到大树上去了。上了大树以后呢，太阳太晒，我被晒昏了，从树上掉了下来，掉到一块石头上。然后就来了个救护车把我送到医院去了。在医院，我一边等待治疗，一边吃方便面。吃完方便面就看电视。看电视时拿出牙签剔牙，然后用餐巾纸擦嘴。突然接到电话，说发生火警，于是提起行李就跑去救火。许多年过去了，我现在仍然能够把那 15

个词背出来，而且顺着、倒着都不会错，就是按照这个'故事'把它们背出来的。人脑的全面开发，特别是形象思维的开发、创新思维的开发和长期记忆的开发，我觉得很值得我们研究，因为长期记忆可以提高我们的学习效率。一个完整的人是全脑开发的人，也是一个全面发展的人。"

大家看到后面的总结可能感觉到了，这肯定是一位对教育有深入研究的专家，没错，这段话出自国务院前副总理、教育部长李岚清的《李岚清教育访谈录》。李爷爷在讲这个故事时已经70岁左右了，依然能够通过编故事牢牢记住，大家是不是更有信心了呢？

1. 热身练习

武林盟主　恶霸　巴士　药酒　鸡翼　太极八卦　三九感冒灵
旧伞　西服　棒球　尾巴　香烟　紫荆花　死囚　蛇

这是我们的新练习，我们来看看这些词语。如果去导演，自然要有主人公，我选择的是"武林盟主"，"恶霸"则自然是衬托他的反派人物。"武林盟主见到恶霸进了巴士，心中十分着急上火，赶紧喝了药酒，吃了鸡翼，施展太极八卦去追恶霸。因为恶霸想在巴士上面卖有毒的三九感冒灵，一旦得逞，大家就很危险。"这是我的举例，接下来我们评析一下其他几个案例：

师兄师姐陪你学

武林盟主打击恶霸在巴士上威逼乘客购买劣质药酒和鸡翼的事情被《太极八卦》周刊报道出来了，恶霸气急之下，卧病在床终日以三九感冒灵维持生命。大病初愈想去外边散心，外面乌云密布，拿起旧伞西装革履（有点像英国老绅士）地去看棒球赛，球场内立着《妖精的尾巴》剧组代言的香烟——紫荆花的广告牌，遥想当年死囚就是抽的这款，还有他那高大上的限量版Zippo银蛇打火机。

——杜亚兰

这个故事的第一句"武林盟主打击恶霸在巴士上威逼乘客购买劣质药酒和鸡翼的事情被《太极八卦》周刊报道出来了"是一个典型的欧化长句，好处是比用分句单独叙述要短，记忆负担小。但是，如果思维能力承担不了，反而会更加容易忘记。

武林盟主和恶霸正准备大战三百回合，刚要出招的时候天空传来一声巨响，他们竟然穿越了！他们醒来发现自己在马路上，突然来了一辆巴士把恶霸撞飞了，武林盟主不能见死不救，抱着恶霸想给他找药酒疗伤，但是走了一路也没看见药铺。正当武林盟主一筹莫展的时候，终于看见一个穿着自己朝代衣服的人蹲在马路边上啃鸡翼，手上还拿着太极八卦，好像是算命师傅。师傅被盟主吓了一跳，摸了半天说身上只有三九感冒灵。聊了一会儿，师傅明白了他们是穿越了，就让他们到自己的旧伞下让他们换上西服别吓到别人。这时电视里放起了棒球比赛，盟主吓得尾巴都竖起来了，不知道这个会说话的盒子是什么玩意！师傅赶紧拿出香烟让他压压惊。盟主和恶霸知道自己到了未来回不去了，他们伤心欲绝，拿着他们古代的国花紫荆花自杀，结果算命师傅被认为是杀人犯，成了死囚，终日与蛇为伴。

——齐佳

故事加入了时下流行的穿越剧情，并且在后续的细节上既夸张有趣又合情合理，非常符合大脑的癖好。

2. 怎样做个好导演

导演法是我们很多人无师自通、不知不觉在使用的方法，这是我们幼儿园就会的，不存在任何学习上的难度。不过，由于太熟悉，有时我们会耽于导演作品，而没有把记忆作为重点，这就是舍本逐末了。所以，我们应当注意：

（1）简洁

上面的例子，有的其实前后的剧情不是很严密，缺乏必要的前后照应。为什么还要写在这里呢？因为我们的目的是记忆，只要能够记住就可以了，如果为了导出奥斯卡的感觉，增加记忆负担，那就是舍本逐末了。

（2）有趣

这个自不必说，乏味的作品肯定很难记住。虽然不能耽于剧情，但是也不能死气沉沉。大脑对于感觉无聊的信息会开启自动屏蔽功能。为什么我们会对家长、领导的很多话左耳进右耳出？原因就在于此。

（3）加料

编故事时加入时下流行的热词（比如 duang）、热点新闻、焦点人物，往往会让故事更容易获得自己的关注。比如明星绯闻往往会是某段时期的社会焦点，把绯闻中的明星搬进故事，会让情节和人物形象更鲜明，也会显著加深自己的印象。

八、联系三方法之路线法

路线法就是把要记忆的材料依次放在一条路线上面,让要记忆的信息与路线上的地点一一对应连接,然后在回忆时按照位置精确提取的方法。这个方法在古罗马西塞罗的《论演说家》一书中就有出现,书中提到,在一个宴会上,一个叫西莫尼德斯的人受命朗诵一首赞扬两位神灵的抒情诗,就在这时,两位神灵差遣使者把他从宴会上叫了出去。在他离开之后,宴会的屋顶塌了下来,留在里面的人全部遇难,无一幸免,死者血肉模糊无法辨认尸首。可是,西莫尼德斯却能根据每个死者在宴会厅的位置辨认出全部尸体来。

1. 热身练习

下面,我们来用路线法记忆这些词语:

蜈蚣　乔丹　锄头　白蚁　螺丝　手枪　恶霸　牛儿　溜冰鞋　舅舅
八路　恶霸　凳子　石板　二胡　绅士　鳄鱼　仪器　手枪　气球

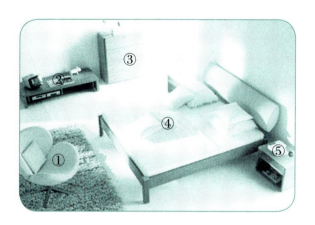

我们在上图找 5 个地点组成一条路线：① 左下角的椅子 ② 左上方的矮桌 ③ 右边的柜子 ④ 床 ⑤ 床头柜。

下面，我们要做的就是把地点和这些词语进行连接。比如，"蜈蚣偷偷爬到椅子下面，等乔丹来的时候去蜇他（可以想象是乔丹的对手放蜈蚣进来的）"。举例就到这里，剩下的大家自己试一试！

师兄师姐陪你学

蜈蚣咬了乔丹，乔丹受伤坐在椅子上。锄头扎在桌子上，裂痕处冒出很多白蚁。柜子的螺丝松了，结果抽屉掉出来，里面居然有手枪。恶霸跟牛儿在床上斗牛。床头柜旁边有双我的溜冰鞋，舅舅把溜冰鞋拿走自己去穿了。

——苏志浩

这个例子里面大部分都有前后的因果关系（这个因果不一定符合日常生活的情理，只要在那个情境里面解释得通即可，比如箱子里面一般是不会有手枪的，但是我们可以想象这是一个黑社会老大的家），前后联系非常顺畅，容易记忆。

但是"恶霸跟牛儿在床上斗牛"中恶霸和牛儿没有特别明显的主动、被动或者前后位置上面的区别，有可能会把顺序记反。"有双我的溜冰鞋"使用"有"这样没有动感的词语也是我们记忆时的大忌。

有人将蜈蚣放在乔丹的椅子下面要害他。用锄头打破茶几发现早已经被白蚁侵蚀。柜子的螺丝松了，修的时候发现里面有一把手枪。恶霸躺在床上，怀里抱着牛儿抱枕。床头柜里放了一双溜冰鞋原来是舅舅的。

——密雪薇

这里"床头柜里放了一双溜冰鞋原来是舅舅的"这样的联想，高速记忆的大脑还要理解起承转合的剧情——太难！至少对于大部分人是这样。在记忆中应该尽量使用容易理解的"顺叙"，"插叙""倒叙""补叙"的方式，智商没有爆表的同学千万不要用，否则就是给自己找麻烦！

至于第二行从"八路"到"气球"的10个词语如何记就不再提供参考了，请在自己家中找5个地点进行地点路线记忆。相信学习了这么多记忆方法，仅仅10个词语肯定可以解决！

2. 怎么找路线

仔细体会就可以发现：其实路线法是以锁链法为基础的，操作时只是比锁链法多了一个地点因素（如果觉得一个地点上记忆两个信息有困难，可以只记忆一个信息，这样就完全变成了地点和信息之间的一对一联系）。锁链法我们已经非常熟悉了，所以，路线法的核心就在于"路线"。那么这里就涉及两个问题：什么样的路线才好用？哪里来那么多路线？

（1）什么样的路线最好用？

1）熟悉

首先路线一定要是你熟悉的，因为我们要把信息"钉"在路线上，所以路线如果不熟悉，还需要另外进行记忆，那么就又增加了记忆难度。

因此，推荐在自己家里找路线。另外，还有学校、亲戚朋友家，以及经常去的餐饮、娱乐、健身场所等都是很好的选择。

2）有特征

假设去我们上学的教室找，进到班级里面发现有 30 张课桌，那么请问这条路线上有多少个地点呢？

我在课堂上每次问出这个问题之后，回答五花八门：1 个、2 个、900 个……当然，还有同学一脸无辜："太混乱了，不知道啊！"

那么问题来了，找地点到底哪家最强？如果他们都能够成功找到的话，说出 900 个的确是地点王，但是实际上不太可能做到。

我们能够在 30 张桌子中找到多少个地点完全取决你自己对这些桌子特征的熟悉程度。

如果你"两耳不闻窗外事，一心只读圣贤书"，丝毫没有关心过桌子的特征，那么至少可以找到 2 个：你的桌子和同桌的桌子。

如果，你对你自己的以及几个好基友、好丽友的桌子特征比较熟悉（假设他们的数目为 N），那么地点应该为 N+1 个。

如果，你有写轮眼 + 轮回眼 + 白眼 + 郑才干的像素眼……对每一张桌子的各个边角、中心的材质、纹路、色差都了然于心，那么 900 个甚至更多也不是梦！

所以，关键不在于空间多大，物品有多少，而在于它们的特征你是否掌握了。怎么样，是不是觉得自己的家比王思聪家可爱多了？

3）有顺序

我们需要记忆的材料常常都是有顺序要求的，比如文章、各种排名等。那么相应地，地点也需要有固定的顺序，这样才能保证我们回忆时能够按照地点顺序顺利想起记忆的材料。

（2）推荐路线库

1）真实的路线

这是很好理解的，我们每天都会经过很多地方，包括家中、学校、工作单位，这些地方都可以作为我们的路线使用。

2）虚拟的路线

什么是虚拟的路线呢？就是与真实相对的，想象出来的路线。同时，可以是他人虚拟，也可以是自我虚拟。

他人虚拟是借用别人构建出的世界的地图进行虚拟。比如很多游戏里面都有地图，《魔兽》《英雄联盟》，甚至《植物大战僵尸》《愤怒的小鸟》当中也有地图。更常见的就是各种电影、电视剧，比如《甄嬛传》长达76集，里面有各个宫殿，有兴趣的读者经过研究可以得到很多路线。另外，很多人喜欢看的英剧、美剧更是一大资源，比如《生活大爆炸》《神探夏洛克》《绯闻女孩》等，它们一般是按季播出，如果你是忠实拥趸，已经追了好几季，要搞清楚里面的路线应该不是什么难事。好了，终于有正当的理由玩游戏、看电视剧了，是不是很开心？

自我虚拟就更简单，就是自己虚构出另一个世界，哪里有桌子、哪里有椅子完全由你自己控制，你的地盘你做主。

3) 半真半假的路线

顾名思义，半真半假就是把两者进行结合，尤其是适合喜欢凑整数的处女座强迫症患者。比如，我们在自己的"狗窝"里面找了半天也只能找到19个地点，这时候就可以想象房间当中多了一个鸟笼或椅子或桌子或花盆等等，这样我们就可以拥有20个地点的"完整"路线。

路线不仅是上面提及的内容，一切有顺序、有特征的事物都可以。比如身体部位、人物、汉字等等，用起来和地点路线差不多。后面我们会一一举例说明。

九、行走江湖

记忆法的原理已经了解不少了,现在大家可以行走江湖了,我们的第一战就是——

1. 单挑北大女博士

2012 年 9 月 9 日的《非诚勿扰》节目中,一位北大女博士被问到如果有人怀疑智商怎么办的时候,露了一手绝活,在 12 秒之内流利背出圆周率小数点后的前 100 位,令人咋舌。

而今天,你认真学会了前面的方法之后,也可以挑战一下这位高智商女博士——因为我们之前学习的内容恰好就是圆周率小数点后的前 100 位!

我们来仔细看一下:

(1)锁链法:

钥匙 鹦鹉 球儿 尿壶 山虎 芭蕉 气球 扇儿
14　 15　 92　 65　 35　 89　 79　 32

妇女 饲料 二流子 石山 妇女 扇儿 气球
38　 46　 26　　 43　 38　 32　 79

（2）导演法：

武林盟主	恶霸	巴士	药酒	鸡翼	太极八卦	三九感冒灵	旧伞
50	28	84	19	71	69	39	93

西服	棒球	尾巴	香烟	紫荆花	死囚	蛇
75	10	58	20	97	49	44

（3）路线法：

蜈蚣	乔丹	锄头	白蚁	螺丝	手枪	恶霸	牛儿	溜冰鞋	舅舅
59	23	07	81	64	06	28	62	08	99

八路	恶霸	凳子	石板	二胡	绅士	鳄鱼	仪器	手枪	气球
86	28	03	48	25	34	21	17	06	79

根据我的教学经验，这前100位数字大部分人一周之内就可以在10秒甚至8秒之内背诵完毕。怎么样，是不是对自己刮目相看？在熟练之后，一个小时记忆两三千位数字都不是难事，很多去挑战几万位圆周率记忆纪录的人用的都是这种方法。当然，我并不赞成过多地记忆数字，因为等对记忆方法有了比较深入的了解之后你就会发现，数字记忆是最简单的，只要不断训练，速度就会提高。

2. "郑公式"

在充分了解了记忆原理和记忆方法之后，我们就可以把记忆过程变成公式，进行傻瓜式操作：

（1）编码：即根据已有的知识和系统的转化方法对材料进行处理，把复杂的转化成为简单的，把抽象的转化为具体的，把分散信息合并为组块减少记忆量，把原始信息转化为编码。

（2）联系：把这些编码进行连接，使得前后连贯并能够顺利检索提取。

（3）回忆并解码：回忆刚才输入大脑的信息，把回忆出的信息还原为原始的材料。

这就是我们的记忆公式：记忆 = 编码 + 联系 + 回忆并解码，本书中称为"郑公式"。后面，我们在记忆不同材料时都会用到"郑公式"，还会有更加具体的步骤，但其实都是这个公式的细化而已。当然，在记忆之前需要先理解，记完之后要定期复习，这是任何记忆方法都一定要有的，我就不再强调了。

3. 三人天团各自的担当

由于日韩文化在中国的流行，团体中"担当"的概念越来越流行，谁是舞蹈担当，谁是歌唱担当等。上文的联系三大方法中，同样有着各自的担当。

（1）锁链法

锁链法一般只负责一些比较短小的材料记忆。比如：购物清单、名单等文字量较少的题目，因为锁链法的特点是思维路径简单，速度快。

（2）导演法

导演法的应用面比较广，一般来说可以记忆的内容比较多，比如课文、简答论述题、文学作品、演讲稿、台词等等。

最主要的是，导演法基本没有什么特别的规则，想怎么编就怎么编，只要最后能够记住。所以，它的兼容性比较强，可以和各种你喜欢的元素（比如你喜欢的明星、动漫等）结合。

（3）路线法

这是最专业的方法，无论材料长短都可以应付自如。当然，一般来说我们用它来记忆比较重要、比较长、注重顺序的材料。由于有着"离开谁都照样运转"的特点，我们不用担心中途"卡壳"。在路线够用的情况下，这是最佳方案。

4. 怎样进行复习

目前没有任何一种方法能够保证你记一次能够"管"一辈子，复习是少不了的。

（1）五一复习法

大名鼎鼎的艾宾浩斯遗忘曲线你肯定知道，根据它来复习绝对靠谱。

一般认为复习间隔为：5分钟、30分钟、12小时、1天、2天、4天、7天、15天。但是，这样复习很麻烦，很难坚持下去。所以，我们修改为"五一法"。这也是记忆爱好者中比较通行的方法，复习间隔为：一小时、一天、一周、一个月、一个季度。

（2）全脑复习法

"五一复习法"更主要的还是依据左脑记忆的规律，不符合我们书中的记忆方法。别说一小时了，如果我不主动"清理文件"，比如节目里面记忆的数字你过几个月问我，我也能说个大概齐。

所以，现在的复习间隔是：两天、一周、一个月。

练习

请按照前面的方法记忆圆周率小数点后的前100位，并在10秒之内背出来。

十、5分钟搞定一本书的神技——思维导图

在人大的四年，我不仅学分绩排名第一，而且经常参加各种学术活动和体育运动，取得了不错的名次（比如戏剧作品获得了创作奖，参加高校福乐球联赛获得总季军），所以在保研时，我的科研能力和综合素质也是满分。与此同时，旅行、K 歌、翘课这种不务正业的事情一点都没有少干，甚至有时还和同学出去玩通宵。

很多人对此很惊讶，玩转学习已是不易，学术比起学习更难应付过去，我是怎么一边"不务正业"，一边取得成绩的呢，而且还是不同领域的成绩？

前面说的合理安排时间只是一个大战略，除此之外还得有具体技术。否则你时间安排出来发现：这件事情我需要一个小时，但是看下时间发现只有 20 分钟，怎么办？

除了记忆法之外，帮助复习以及构建学科结构的重要工具就是——思维导图。靠着它，我可以在 5 分钟不到的时间里就完整复习一遍一本 200~300 页的书，并且什么地方掌握牢固，什么地方需要加强，不会有丝毫错误。

1. 传说中的思维导图

思维导图是一种创造性思考方式，它在 Google 和波音、甲骨文等大公司是一种通用性的思维技术。对于我们来说，可以帮助记忆、分析资料和文理科解题。思维导图是解决大量文章记忆的利器，如果说记忆法是万能的记忆钥匙，那么，

思维导图则是解决大段文字（考试材料都是这样的）的专项武器。

（1）谁在用思维导图

使用思维导图是波音公司质量提高项目的有效组成部分之一，这帮助我们节省了一千万美元。

——Mike Stanley，波音公司

智能机器人及思维导图将是下一个时代我们获取信息的主要方法。

——比尔·盖茨《未来之路》

运用思维导图，让我在大学四年当中只需要用两周时间复习，就能在每一次都取得第一名的成绩。

——怒刷存在感的郑才千

我的学生党予彤运用思维导图进行了高铁与"空快"的分析，这部作品在省青少年创新大赛中获奖，为她进入北大获得了宝贵的加分。

（2）苏东坡速读《汉书》诀窍

按照东尼·博赞的说法，思维导图所代表的思维方法从达·芬奇时代就已经是天才们心照不宣的秘密。我国历史上各种各样的天才车载斗量，难道就没有人使用这样的方法吗？

我翻看了几本古籍就发现了一位在诗、词、书法、哲学等方面都有极高造诣的天才就是思维导图的忠实拥趸，他就是大名鼎鼎的苏轼！南宋陈鹄写了一本《耆旧续闻》，这本书中就有苏轼使用思维导图法读书的记载。

有一天，苏轼的好朋友朱载上去拜访他，但是苏轼一直不出来接待。朱载上进退两难：继续等待，人老是不出来；马上就走，苏轼知道了又不好。过了一段时间，苏轼终于露面，非常不好意思地向朱载上道歉，说明"移时不出"的原因是刚才自己在做功课。朱问道："您做的是什么课业？"苏轼说是在抄写《汉书》。朱载上说:"凭先生的才干,开卷一览就可终身不忘,为什么还要用手抄呢?"苏轼说:"不是这样,我读《汉书》到现在都是三经手抄的,第一遍每段抄三个字,第二遍每段抄两个字,现在只要抄一个字了。"苏轼命人从书架上取了一本,对朱载上说,你随便说上一句。朱载上提了一句,接着苏东坡就背上几百句,无一差错,挑到哪里就背到哪里。

每段话摘取几个字,根据这几个字进行回忆,这就是非常典型的思维导图记忆法。历史比较好的小伙伴是不是想到了一个问题——苏轼生活的年代早于达·芬奇耶!满满的民族自豪感有没有!

2. 思维导图怎么画

既然思维导图是这么好的方法,那么应该怎么画呢?有哪些注意点呢?

(1) 图像

思维导图既然是图,当然少不了加入各种图像。图像比起文字更加直观,对大脑的刺激也更强。

很多人在刚刚学习思维导图时会有这样的心理:我画画很渣,怎么办?这本书中的思维导图都很漂亮,我根本画不出,我还能用思维导图吗?我画的马和驴根本分不出来啊,甚至喵星人和汪星人都能被我画成一样一样的,怎么办?

其实,这些都不是重点。思维导图固然需要图画来帮助我们,但也只是帮助我们,重点仍然是思维。即使你画的马看起来像一头驴,只要你自己认出来是马就可以帮助你提升记忆、思维的能力,而我们的目的也是在于此。许多学生第一次学习思维导图之后的作品都是"不忍直视",但是画完之后就顺利背下了对应的古诗。有一名画画很渣的学生,过了一个月之后参加考试,发现偷懒没有用思维导图记忆的古诗很多都想不起来,而用过思维导图的则印象深刻。

所以，我们大可不必担心自己的绘画水平，记住：你就是天才画家！

（2）引导词

碰到大段的文字怎么办？难道要把每一个词都转化成为图像？当然不是！我们应该采用苏轼的方法，摘取其中最重要的几个词，通过这几个词来引导我们回想全部的内容，这就是引导词。

怎么找引导词呢？首先是第一感觉，读完之后你印象最深刻的一般来说也是最重要的。第二是找里面的主语、谓语、宾语，这些一般来说比较重要。另外，说明性的文字如专有名词、数字等也是重点。

（3）线条

思维导图的线条也需要特别注意，这里的线条应该尽量有弧度、有渐进，不要太过于生硬。太生硬的线条会让我们的思维也变得"生硬"，难有创造性的思维与想法。另外，线条长度应与引导词相近。

（4）代码

我们前面讲的数字编码其实就是一种代码，比方要写"乔丹"的时候，就可以写上23，类似的代码还有很多。

（5）符号

我们日常生活当中经常可以看到符号，比如 $、&、@ 等等，这些符号可以更加快速、简洁地表达我们的意思，而且相对于千篇一律的文字，这些符号也和图像一样会对大脑产生感官上的强烈刺激。

（6）颜色

看惯了现代的高清大片，再看以前的老黑白电影，你是什么感觉？是不是总觉得不够逼真，难以投入？所以，我们在画思维导图时也是一样，需要我们运用色彩的力量，去让思维导图变得更加鲜活，更加生动。

（7）布局

一幅图如果布局不好，会对我们的思维产生负面影响。比如，图很杂乱，那么想要通过这幅图理清材料的脉络、结构，就会非常困难。

一般来说，我们的中心图要放在一幅图的中间，占大概1/9的面积，具体多大，要视实际情况而定。

3. 两种典型的思维导图

明白了画思维导图的要点，下面我们就开始来进行一下简单的练习。

（1）发散思维训练

看到"〇"，你能够想到什么呢？请在两分钟之内尽可能多地写出一些想象，并且用思维导图的形式呈现。

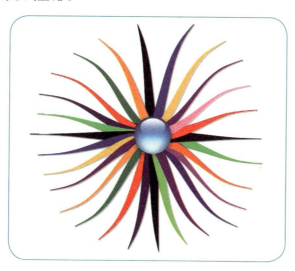

怎么样？想出来多少个呢？这是一个典型的发散思维训练，就是从一个点开始无限延伸，想到与其相关的各种信息，想得越多，说明发散思维能力越强。下图可以用来参考：

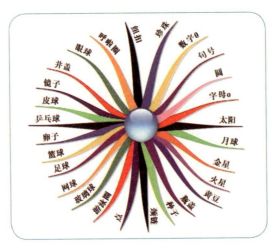

一般来说想到 10~20 个属于正常，20~30 个说明你的思维能力非常不错，30~40 个说明你这方面已经达到了极高的水准，40 个以上基本属于天赋异禀。

（2）收敛思维训练

请写出一块砖头会有哪些作用？（提示：可以按照类别来思考。）

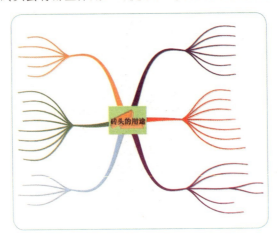

怎么样，有没有什么新的体会呢？这是一种收敛性思维，不是随意发散，而是通过一个个主题，再按照规律来想象。下图可以用来参考：

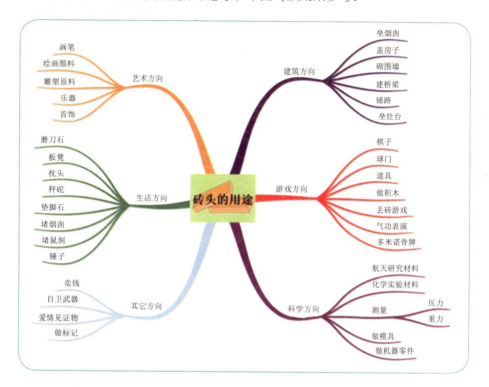

以上两种思维是最基础的思维模型，不太会单独用到，但是以后我们画的看起来很复杂的思维导图，其实都是这两种思维的搭配使用。

因此，我们应当重视这两种基础思维导图，即便最开始想象时想不出太多，但通过不断地训练，我们的这种能力将会越来越强。

至于思维导图如何画，可以手绘，也可以用专业的软件。专业的思维导图软件包括 iMindmap、MindManager、XMind、FreeMind、MindMapper、OneNote 等等。

4. 如何用思维导图学习

我们已经学会了典型思维导图的画法,那么在学习时应该怎么运用呢?我们来看看具体的例子。

(1) 用思维导图背诵现代文

1)运用思维导图学习的"郑步骤"

现代文比较容易理解,这里我们借用语文课本的名篇《春》来介绍一下运用思维导图学习的步骤,可以称为"郑步骤"。

《春》(朱自清)及各段引导词

内容	引导词
① 盼望着,盼望着,东风来了,春天的脚步近了。	盼望、东风、春天脚步
② 一切都像刚睡醒的样子,欣欣然张开了眼。山朗润起来了,水涨起来了,太阳的脸红起来了。	刚睡醒、张眼、山润、水涨、太阳脸红
③ 小草偷偷地从土里钻出来,嫩嫩的,绿绿的。园子里,田野里,瞧去,一大片一大片满是的。坐着,躺着,打两个滚,踢几脚球,赛几趟跑,捉几回迷藏。风轻悄悄的,草软绵绵的。	小草钻土、嫩绿、园野大片、坐躺、滚－踢球－跑－捉迷藏、风悄、草软
④ 桃树、杏树、梨树,你不让我,我不让你,都开满了花赶趟儿。红的像火,粉的像霞,白的像雪。花里带着甜味儿;闭了眼,树上仿佛已经满是桃儿、杏儿、梨儿。花下成千成百的蜜蜂嗡嗡地闹着,大小的蝴蝶飞来飞去。野花遍地是:杂样儿,有名字的,没名字的,散在草丛里,像眼睛,像星星,还眨呀眨的。	桃杏梨树、互不让、开满花、红火粉霞白雪、花带甜、蜜蜂闹－蝴蝶飞、野花遍地
⑤ "吹面不寒杨柳风",不错的,像母亲的手抚摸着你。风里带来些新翻的泥土的气息,混着青草味儿,还有各种花的香,都在微微润湿的空气里酝酿。鸟儿将巢安在繁花嫩叶当中,高兴起来了,呼朋引伴地卖弄清脆的喉咙,唱出宛转的曲子,跟轻风流水应和着。牛背上牧童的短笛,这时候也成天嘹亮地响着。	吹面不寒杨柳风、母手抚、新泥气息、混草味和花香、酝酿、鸟儿安巢、呼朋引伴、唱曲－和风水、童笛亮响

⑥ 雨是最寻常的，一下就是三两天。可别恼。看，像牛毛，像花针，像细丝，密密地斜织着，人家屋顶上全笼着一层薄烟。树叶儿却绿得发亮，小草儿也青得逼你的眼。傍晚时候，上灯了，一点点黄晕的光，烘托出一片安静而和平的夜。在乡下，小路上，石桥边，有撑起伞慢慢走着的人，地里还有工作的农民，披着蓑戴着笠。他们的房屋，稀稀疏疏的，在雨里静默着。	雨最寻常、三两天、像牛毛－花针－细丝、屋顶笼烟、叶绿发亮－草青逼眼、傍晚上灯、黄光烘静夜、乡下小路石桥边、撑伞慢走人－披蓑戴笠农民、稀稀疏疏房屋、静默
⑦ 天上风筝渐渐多了，地上孩子也多了。城里乡下，家家户户，老老小小，也赶趟儿似的，一个个都出来了。舒活舒活筋骨，抖擞抖擞精神，各做各的一份事去。"一年之计在于春"，刚起头儿，有的是工夫，有的是希望。	风筝渐多、孩子多、城乡－家户－老小、赶趟出来、舒活筋骨、抖擞精神、各做各事、一年之计在于春、起头有工夫希望
⑧ 春天像刚落地的娃娃，从头到脚都是新的，它生长着。	像娃娃、（全）新、生长
⑨ 春天像小姑娘，花枝招展的，笑着，走着。	小姑娘、花枝招展笑走
⑩ 春天像健壮的青年，有铁一般的胳膊和腰脚，领着我们上前去。	壮青年、领上前

① 通览全文找出引导词，如上面表格。在训练了快速阅读之后，应该采用快速阅读的方式（详见后面相关章节）找引导词。

② 分析篇章结构以确定主干与分支。接下来我们首先要做的就是对全文做一个整体的逻辑关系理清和构建。如果觉得自己不能马上写出来，可以再次阅读课文或者参考资料。基于对此文的理解，我们可以很快地理清该文的篇章结构，描述如下：

《春》分为三个部分，第一部分是第①段，写"春近了"，第二部分是第②~⑦段，写"春到和春景"，第三部分是⑧~⑩段，写"春的意蕴"。其中第二部分分两个层次，第②段是总写春景，第③~⑦段分别写了"春草""春花""春风与乐声""春雨"和"春事"。

③ 画图。在理清篇章结构以后，我们就可以按部就班来画思维导图了。根据不同层次，我们把高层级引导词放在主干分支上，低层级引导词放在次级分支上。

④ 看图。运用自己的记忆能力、记忆方法，来记忆导图的内容。

⑤ 回忆还原。根据自己的记忆还原原文。

⑥ 修正。一般来说，看完导图之后我们能记下大部分内容，剩下的小部分通过对照原文修正，即可完成完美的记忆。

《春》思维导图

（2）用思维导图背诵诗词

春夜喜雨（杜甫）

① 好雨知时节，当春乃发生。② 随风潜入夜，润物细无声。
③ 野径云俱黑，江船火独明。④ 晓看红湿处，花重锦官城。

《春夜喜雨》思维导图

导图的中心用 spring 来表示"春",每个主干分支呈现了一联的内容,右上角为第一联,沿顺时针方向转动分别第二、三、四联(顺序下同)。导图是把诗的内容用图像来展现,如第一个主干上用雨点来表示"雨",用鲜花盛开表示"当春"。

归园田居(陶渊明)

① 少无适俗韵,性本爱丘山。② 误落尘网中,一去三十年。

③ 羁鸟恋旧林,池鱼思故渊。④ 开荒南野际,守拙归园田。

⑤ 方宅十余亩,草屋八九间。⑥ 榆柳荫后檐;桃李罗堂前。

⑦ 暧暧远人村,依依墟里烟。⑧ 狗吠深巷中,鸡鸣桑树颠。

⑨ 户庭无尘杂,虚室有余闲。⑩ 久在樊笼里,复得返自然。

《归园田居》思维导图

《归园田居》比较特殊,有 10 句,"简单、粗暴"地分成五个小层次,每个含两句诗,也是可以的,但是仔细分析之后我们发现根据意思分成 4 个层次更有助于理解。从①~③,主题是怀旧;从④~⑥是描写家的环境;从⑦~⑧是描写家中事物;最后两句则是对自己的状况进行总体概括。此幅思维导图由于空间关系,"家境"分支下的 6 个次级分支排列不是很严谨,一般情况下应该统一在一侧,而不是"左右开弓",并且①~⑥也应该从上到下依次排列。

沁园春·长沙(毛泽东)

① 独立寒秋,湘江北去,橘子洲头。
② 看万山红遍,层林尽染;漫江碧透,百舸争流。
③ 鹰击长空,鱼翔浅底,万类霜天竞自由。
④ 怅寥廓,问苍茫大地,谁主沉浮?
⑤ 携来百侣曾游,忆往昔峥嵘岁月稠。

⑥ 恰同学少年,风华正茂;书生意气,挥斥方遒。

⑦ 指点江山,激扬文字,粪土当年万户侯。

⑧ 曾记否,到中流击水,浪遏飞舟?

《沁园春·长沙》思维导图

《沁园春·长沙》这首词第①句说明了时间与地点。接下来的第②句与第③句则分别描写了周围的静景与动景,在导图中可以用图画来形象地展现。第④句则是典型的触景生情,抒发感叹。下面⑤~⑧句则是作者的回忆,首先是总述,然后介绍了朋友们的情况、抱负和行为。

(3) 用思维导图背诵文言文

归去来兮辞(节选)(陶渊明)

① 乃瞻衡宇,载欣载奔。② 僮仆欢迎,稚子候门。③ 三径就荒,松菊犹存。④ 携幼入室,有酒盈樽。⑤ 引壶觞以自酌,眄庭柯以怡颜。⑥ 倚南窗以寄傲,

审容膝之易安。⑦ 园日涉以成趣，门虽设而常关。⑧ 策扶老以流憩，时矫首而遐观。⑨ 云无心以出岫，鸟倦飞而知还。⑩ 景翳翳以将入，抚孤松而盘桓。

《归去来兮辞》（节选）思维导图

我们把这一段分为三个部分：①~④叙述到家的经过，⑤~⑥叙述在屋里的情况，剩下的则是对园子的描写。在每一句中选取一到两个字作为提示词，并尽量用图像来表现，对于较为抽象的则通过谐音等方式转化：如"怡颜"变为"遗言"、"庭柯"变为"听课"。

（4）用思维导图学习数学知识

我们再看看对于"抽象"的数学该怎么画思维导图。下面以高一非常重要的内容——集合为例：

集合

A. 集合的例子：

（a）1~20 以内的所有质数；

（b）我国从 1991 年 ~2003 年的 13 年内所发射的所有人造卫星；

（c）金星汽车厂 2003 年生产的所有汽车；

（d）2004 年 1 月 1 日之前与中华人民共和国建立外交关系的所有国家；

（e）所有的正方形；

（f）圆：到一个顶点的距离等于定长的点的集合；

（g）垂直平分线：到一条线段的两个端点距离相等的点的集合。

B. 集合的定义：

一般地，我们把研究对象统称为元素，把一些元素组成的总体叫作集合（简称为"集"）。

C. 集合中元素的特征：

（a）确定性：给定的集合，它的元素必须是确定的；

（b）互异性：一个给定集合中的元素是互不相同的；

（c）无序性：只要构成两个集合的元素是一样的，我们就称这两个集合是相等的。

我们把上面内容画成以下的思维导图：

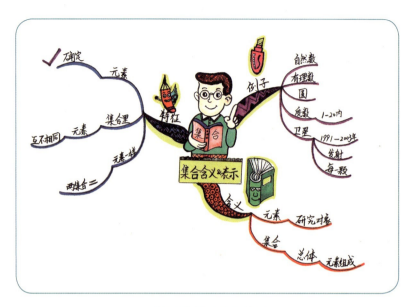

"集合"概念思维导图

（5）用思维导图背诵英语课文

Anne's best friend（选自人教版高一《英语》必修1）

I wonder if it's because I haven't been able to be outdoors for so long that I've grown so crazy about everything to do with nature.（我不知道这是不是由于我长久无法出门的缘故，我变得对一切与大自然有关的事物都无比狂热。）

I can well remember that there was a time when a deep blue sky, the song of the birds, moonlight and flowers could never have kept me spellbound. That's changed since I was here.（我记得非常清楚，以前，湛蓝的天空、鸟儿的歌唱、月光和鲜花，从未令我心迷神往过。自从我来到这里，这一切都变了。）

For example, one evening when it was so warm, I stayed awake on purpose until half past eleven in order to have a good look at the moon by myself. But as the moon gave far too much light, I didn't dare open a window.（比方说，有天晚上天气很暖和，我熬到11点半故意不睡觉，为的是独自好好看看月亮。但是因为月光太亮了，我不敢打开窗户。）

Another time five months ago, I happened to be upstairs at dusk when the window was open. I didn't go downstairs until the window had to be shut. The dark, rainy evening, the wind, the thundering clouds held me entirely in their power; it was the first time in a year and a half that I'd seen the night face to face. (还有一次,就在五个月以前的一个晚上,我碰巧在楼上,窗户是开着的。我一直等到非关窗不可的时候才下楼去。漆黑的夜晚,风吹雨打,雷电交加,我全然被这种力量镇住了。这是我一年半以来第一次目睹夜晚。)

Sadly…I am only able to look at nature through dirty curtains hanging before very dusty windows, It's no pleasure looking through these any longer because nature is one thing that really must be experienced. (不幸的是……我只能透过满是灰尘的窗帘下那脏兮兮的窗户看看大自然。只能隔着窗户看那大自然实在没意思,因为大自然是需要真正体验的东西 。)

《Anne's best friend》思维导图

这张思维导图基本是每个次级分支对应一小段,非常直观。读者朋友可以尝试一下是否可以只靠导图就能记下文章。

十一、快速阅读记忆法

自从马云成为中国首富之后,他的各种传奇故事也变得妇孺皆知。马云的伯乐——亚洲首富孙正义也成了人们佩服的对象。为什么孙正义能够在阿里巴巴的初期就对马云如此有信心,判断事物如此准确呢?其中一个原因可能是:孙正义会快速阅读!

据说孙正义曾经在卧床的2年(也有说法是3年半)时间看了4000本书!是的,不是我多打了一个0,就是4000本!孙正义在大学曾经进行每天一个发明的思维游戏,他的第一桶金就是靠卖发明得来。如果没有极其庞大的知识积累,天才的灵感从何而来?这不是幼儿园老师给你三个词语编故事,这是发明,必须有可行性和市场需要!孙正义极强的商业直觉加上极大的知识量,让他在任何时候都看得比别人更高、更远!在别人对马云爱理不理的时候,他看到了一个未来的世界级的企业!避免了今天马云的高攀不起!

1. 什么是快速阅读

在我们的历史当中,拥有快速阅读能力的人不在少数。提到快速阅读,大家第一个想起来的成语可能就是"一目十行"了,那这个成语是怎么来的呢?

《梁书·简文帝纪》当中记载:"太宗幼而敏睿,识悟过人,六岁便属文,……读书十行俱下。"太宗指的就是梁朝简文帝萧纲,他小时候就非常聪明,远超常人，六岁就能写文章了。萧纲读书时从上到下同时看十行（古代的书籍是竖排版）。这便是"一目十行"的出处。萧纲的文才和他强大的阅读能力带来的积累不无关系。

古今中外，还有很多伟人也拥有这种快速阅读的能力。

大发明家爱迪生在研究打字机的一个部件时，有一次和制造商们约好某一天把各种打字机的样子都送来，在客人们来的前一天晚上爱迪生集中精力将有关这个部件的书全部看了一遍。第二天，爱迪生就对客人们头头是道地讲起来。事后，他的助手把他那天晚上读过的书借来通读一遍，结果用了11天才读完。

文学家高尔基，也具备令人吃惊的快速阅读能力。他看书不是从左向右，而是从上往下，像下楼梯一样。后来苏联学者研究出来的垂直阅读法，可能就与高尔基有关。

现代社会信息爆炸，更是需要快速阅读。IT大佬柳传志每天要进行约十万字的阅读，以便及时把握IT行业的高速变化。之所以这些中外名人都掌握快速阅读的能力，并不是一个偶然的巧合，它恰恰说明了阅读是一种非常重要的成功技能。尤其在进入信息时代之后，这个能力的重要性就进一步突显出来了。

而现代的系统快速阅读方法起源于美国。1945年，一位大学生——爱维琳·伍德对快速阅读做了详细研究，她发现那些具有快速阅读能力的人有以下特点：

① 看书时，眼睛沿文字中间从上向下看，而不是像别人从左看到右。

② 他们同时理解"一组词"，而不是像别人"一个词一个词"地理解。

③ 他们很少回头看，他们从不停下来回头重读。

后来，她对这些特点进行了总结和完善，有了今日"快速阅读"的雏形。她还给美国12位议员传授经验，包括美国前总统肯尼迪与卡特。其中肯尼迪还提出过平面凸视的阅读方法，就是整体摄入一页书进行阅读，他也是一名速读高手。

我自己的阅读速度也非常快，最开始我并没有意识到这个问题，只是在和同学们合着看一本小说时会经常催别人。后来，我开始研究脑力训练，才知道我自己从小就习惯了按照意群（一段意思相对独立的话）为单位去阅读。可以说，爱维琳·伍德总结的三大特征中，按"意群"阅读的第二大特征是快速阅读的核心技术——像看图画一样一眼看一片文字，其他两个则是从习惯上面就可以解决的。

2. 快速阅读常规训练

既然快速阅读的好处这么多，那么怎么样才能够提高阅读速度呢？我们以跑步为例，就可以清楚地明白应该从什么地方着手。跑步怎么样才跑得比较快呢？很明显有两点：一、如果你是大长腿，每一步迈出去都很大，那么自然就比腿短的人跑得快。二、如果你腿非常灵活，腿动得非常快，别人跑出去两步你已经跑出去三步了，那么自然也会比一般人跑得快。

读书也是一样。如果你一眼看到的字数多那么就会读得快；或者你看的速度快，别人看两眼，你已经看了三眼，那么阅读速度也会快。我们把前者叫作视野，后者叫作眼跳速度，这两者很明显是相乘的关系，提高这两者，速度就可以成倍增加。下文介绍快速阅读训练的主要方法。

（1）丹田呼吸

快速阅读虽然起源于西方，但是真正让这种方法发生脱胎换骨变化的，还是在进入东亚之后。之前，西方采用了很多先进的仪器进行训练，但是一到2000字（词）/分这个速度之后就一直徘徊，难以提高。把速读训练效果推向每分钟万字以上，并取得大面积教学成果的，是韩国速读专家金龙镇。在韩国，金龙镇把气功与快速阅读相结合，使教学效果大大提高，远远超过了欧美。后来东亚的日本、我国台湾地区、大陆也都沿袭这一体系并加以改进。

大家听到练习气功是不是感觉，好麻烦，还要打太极拳不成？其实，我们只需要掌握一个核心就可以：丹田呼吸。

"丹田呼吸法"与气功相似,讲究"气沉丹田"。丹田呼吸要求发动腹部的力量做深呼吸。胸腔与腹腔之间有一层软膜叫横膈膜,腹式呼吸就是促使横膈膜有力地上下运动,胸腔便最大限度地扩张与收缩,这样,呼吸量大大增加,可以有效地刺激神经。丹田在我们脐下三寸的位置(这里的三寸是指我们除去拇指之外四根手指的宽度),将气集中在此。初学者可以尽量将气引导至腹部。

请大家坐在椅子上,脊背挺直,闭上眼睛,全神贯注于呼出的气息。吸气时腹部鼓起,呼气时腹部瘪下去。呼气时间与吸气时间比例为 2∶1。按照自己的承受程度,可以选择 8 秒~4 秒、12 秒~6 秒、16 秒~8 秒等模式。

这里要强调的是,丹田呼吸在初期可能难以适应,大家可以录制一个导引音频来引导自己把握好节奏。这样你的注意力可以全部放在训练上,不用数自己呼吸的时间。另外,这里的丹田呼吸是一种通过呼吸来调节脑电波、身心状态的方法,不会让大家走火入魔,不用担心变成欧阳锋。

(2)基础训练图

在丹田呼吸之后,一般我们要通过训练图来训练我们的注意力和眼力,下面就是我们的训练图。

在训练开始前,请注意几点:

① 以下所有图在训练时均不可眨眼,训练时间在 1~2 分钟为宜,眼睛若无法坚持,初期可以从 20 秒开始,循序渐进。

② 在训练中眼睛出现流泪、疼痛属于正常现象,但是请立即停止,等眼睛恢复再训练。训练不会影响视力,反而有很多人的近视度数因此降低。如果有其他眼疾,请咨询医生后再进行训练。

③ 训练时请摘去隐形眼镜,否则在眼睛的快速运动中有可能受到伤害,可以戴框架眼镜。

④ 在整个训练(无论是图表训练还是实际阅读)中均要保持丹田呼吸。

注意力训练图

训练方法:

① 端坐,两目平视,双手持图,眼睛离训练图 30~40 厘米。

② 注意力全部集中于圆点。

③ 暗示自己,圆点越来越大,越来越清晰。

视读节奏训练图 1

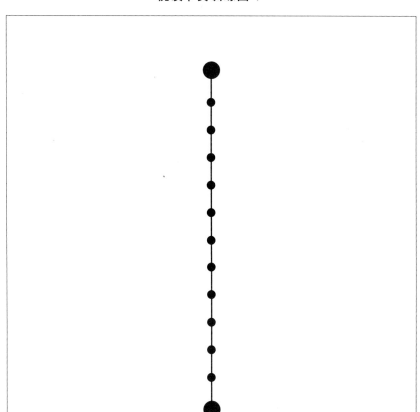

训练方法:

① 端坐,两目平视,双手持图,眼睛离训练图 30~40 厘米。

② 视点循中线上下迅速移动,一旦到达下一个黑点时,视点停止移动,稍稍暂停,每分钟内看到的黑点数目应该在 150 个以上。

③ 暗示自己,看得越来越快。

④ 注意:此图需要训练两遍,第二遍训练要求相同,只是持图方向换成横向。

视读节奏训练图 2

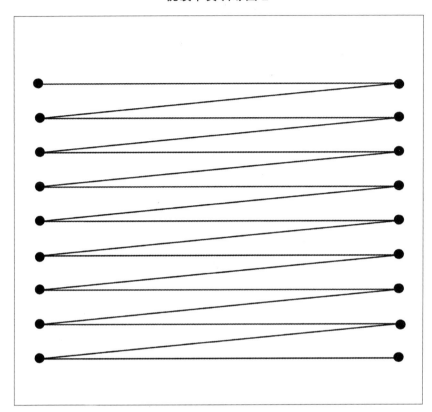

训练方法：

① 端坐，两目平视，双手持图，眼睛离训练图 30~40 厘米。

② 让视点敏捷地从左向右移动，反复进行，眼球的运动要尽量快。一旦到达下一个黑点时，视点停止移动，稍稍暂停，每分钟内看到的黑点数目应该在 150 个以上。

③ 训练中，由于视点移动的影响，头部也容易左右运动，应尽量保持不动。

④ 暗示自己，看得越来越快。

⑤ 注意：此图需要训练两遍，第二遍横向持图进行训练，训练要求相同，只是方向换成横向。

视读节奏训练图 3

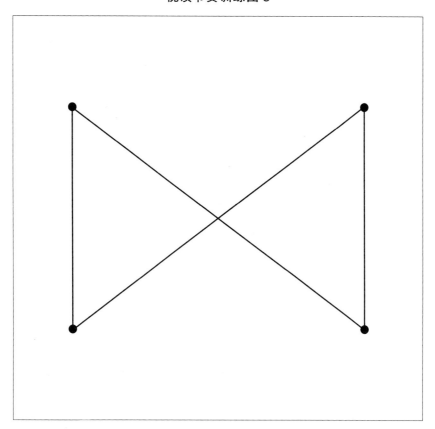

训练方法：

① 端坐，两目平视，双手持图，眼睛离训练图 30~40 厘米。

② 从训练图的左上开始，让视点做快速的上下运动和对角运动。一旦到达下一个黑点时，视点停止移动，稍稍暂停，每分钟内看到的黑点数目应该在 150 个以上。

③ 训练中，由于视点移动的影响，头部也容易左右运动，应尽量保持不动。

④ 暗示自己，看得越来越快。

视读流畅性训练图

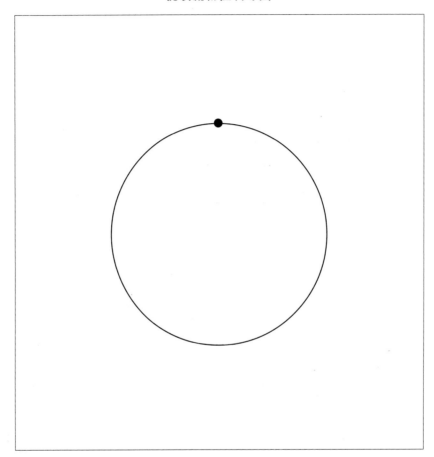

训练方法：

① 端坐，两目平视，双手持图，眼睛离训练图 30~40 厘米。

② 从训练图上方的黑点开始，循圆依顺时针方向移动视点。训练时间 10 秒钟。然后，从同样的黑点开始，向逆时针方向移动视点。训练时间为 10 秒钟。

③ 闭上双眼，让头脑中浮现出训练图。闭目做视点的圆移动。训练时间为 10 秒钟。

（3）专项训练图

去音读训练

音读是指看书时心里面默念，这是快速阅读的大敌。即使是华少那样的语速，一分钟又能读多少字呢？所以，阅读时一定要消除音读，达到完全的眼脑直映：看完直接进入大脑。

传统的默读是"看—读—听—大脑"，而快速阅读是"看—大脑"。路径越多，损耗就越多，这是我们都知道的道理，显然快速阅读更符合大脑接受信息的规律，这也是读得快还能记得多的另外一个原因。

去音读训练图

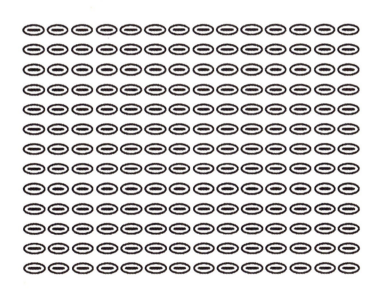

训练方法：

① 端坐，两目平视，双手持图，眼睛离训练图 30~40 厘米。

② 将视点由上一行到下一行逐行移动，训练中，让视点如流水般地移动，中途不要停止眼球的运动。

③ 最开始时，我们一眼只能看清几个符号，等训练一段时间之后就能够看半行，反复训练后，一眼就能捕捉一行符号。再往后，就能一眼看两行、三行甚至更多。

舒尔特表

舒尔特表一般用于培养注意力集中、分配以及控制能力；拓展视野；加快眼动速度；提高视觉的稳定性、辨别力、定向搜索能力。这也是宇航员训练信息感知能力的项目之一。

对于我们来说，随着练习的深入，眼球的末梢视觉能力会提高，搜索信息的速度会越来越快，可以有效地拓展视幅，加快阅读节奏。对后期的一目十行、一目一页非常有利。

舒尔特表

21	4	23	25	17
7	19	15	2	20
13	8	24	9	10
12	18	16	5	1
6	22	14	3	11

训练方法：

① 端坐，两目平视，双手持图，眼睛离训练图 30~40 厘米。

② 将视点置于图片的中心，每表按字符顺序，迅速找全所有的字符，平均 1 个字符用 1 秒钟成绩为合格，即 9 格用 9 秒、16 格用 16 秒、25 格用 25 秒。

③ 在找的过程中头和眼睛都不能动，要求"感知"到信息的位置。

④ 刚开始可能会不适应，达不到标准是非常正常的，切莫急躁。如果 25 格的感觉很困难，可以从 9 格开始练起。

⑤ 感觉熟练或能比较轻松达到要求之后，再逐渐增加难度，千万不要因急于求成而使学习热情受挫。

（4）实践训练

我们前面做了那么多训练，其实最终目的都是为了提高实际阅读的速度，但是这一步却比较简单。首先，根据前面训练出来的视野，我们可以进行适合自己的快速阅读。最开始可以从一目半行开始，逐渐增加到一目 2/3 行、一目一行、一目两行……

需要注意的是：我们一旦定下自己的视野（一目 X 行），在单次训练中就不要随意改变。这次是一行就是一行，不能随意换成半行或者两行。如果觉得已经轻松掌握，可以在下次训练时升级。在无他人指导，自行训练的情况下，一般来说每个级别（一目 X 行）训练时间为三天到一周。

视读节奏也是如此，一分钟看多少次（看多少个黑点）需要定一个目标。我们目前的最低要求是一分钟 150 次，达不到的时候可以循序渐进，从 100 次、120 次开始。视读节奏的训练可以在保持看清的前提下，不断加快。

到这里其实聪明的读者已经发现我们的阅读速度在初期其实就已经是一个非常高的水准。普通人是 300~500 字 / 分钟。假设一行有 20 个字，在训练初期一分钟看 150 次，一目半行，那么阅读速度就是 1500 字 / 分钟。这还是初级阶段，如果是一目一行、两行，一分钟 200 次、250 次呢？

（5）默写——快速阅读的最后一步！

通过简单的数学计算，我们发现原来提速是如此容易！然而，肯定有人会担心：读那么快，能记住吗？其实，我们的大脑有自动适应的机制。我们经常听说大脑要经常使用，否则就会"生锈"，说的就是这个道理。和肌肉一样，我们的大脑经过训练之后，是会变得更强大的。很多同学都有这样的经验：考试之前挑灯夜战，疯狂复习课本内容。试卷一发，奋笔疾书，出了考场，脑海中空空如也，好像从来没有复习过。这就是大脑开启了考试之后的信息清除机制。

反过来，如果我们每次快速阅读之后都要求自己进行一个高强度的记忆反馈，大脑也会开启自动存储机制。我们一般使用的是默写法，看起来很古老、很原始是不是？但是，在速读训练中，这是公认最有效的方法。

由于我们阅读速度提高了，每次读上几十秒就能读完几千字甚至上万字，这样一来我们大部分的训练时间其实是在默写。假设我们读了 500 字，理解记忆率为 60%，一般来说应该会写出 400 字左右的内容（因为你写的肯定不会和原文一模一样，有某些内容肯定是"废话"），在最开始的 10 分钟可能就写出了 300 字，然而最后的 100 字却要消耗一个小时的时间才能够想出。

按照我一直在强调的效率原则，是不是最后的 100 字就算了？不是！这里最重要的恰恰是那 100 字！前面说了，我们的大脑和身体都有自动适应机制，未经训练的人让他去跑 5000 米，一般是跑不下来的，但是经过几次训练，大部分人都可以做到。我们的大脑也是一样，最开始我们能够想起的只有 300 字甚至更少，但是经过对大脑的"逼迫"，我们能够想起来的内容就会越来越多。

切记：一旦放弃默写，你的快速阅读就成了无源之水、无本之木！

当然，由于很多人时间有限，如阅读量较大，比如达到几万字，则可以采用思维导图的方式进行回忆。

3. 我该怎么练快速阅读

（1）如何去音读

音读是快速阅读的一个极大障碍，除了前面的训练图之外，还有什么办法可以快速去除音读呢？

1）含糖法

顾名思义，就是嘴里面含一块糖。这样可以通过舌头的刺激反向影响大脑，克制发声的冲动（不发声，心里面默念也是不行的，所以要克制发声的冲动）。

2）鼓点法

听 20 个小时固定节奏的鼓点敲击，可以去除音读，这是苏联的专家经过科学实验证明行之有效的方法。当然，这里的 20 个小时是累计的，不是一次性。

3）速度法

该方法极其简单、粗暴，就是不管音读，直接冲速度，等速度到了一定水平线之上，自然而然想进行音读也做不到了。

（2）这么多训练，怎么安排

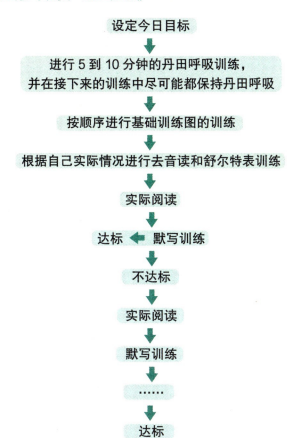

以上就是我们的训练流程。

（3）训练多久见效

任何训练，效果是我们最关心的。以面授为例，我曾经教过一位中央电视台的记者，只用了短短一个上午，她的阅读速度从 300 多字 / 分钟提升到 1100 多字 / 分钟，理解记忆率也提高了将近一倍。可以说，训练见效非常快。

当然，自行训练条件与面授不同，究竟可以达到什么程度呢？根据目前掌握的学生资料，按照要求每天训练的，一般一个星期之后阅读速度可以提高 3~5 倍，理解记忆率提高 20%~50%。坚持得越久，提高也越多。

第三篇
最强大脑的考场奇幻之旅

如果说在生活当中,健忘可以通过记事本、便利贴、手机备忘录等方式来弥补的话,那么进了考场,我们能够依靠的就只有自己的大脑了。中国的考试又是出名的多,各种升学考试、入职考试、职业资格考试数不胜数,高考名言"提高一分,干掉千人",估计很多人都有所耳闻甚至有亲身经历。下面就和大家讲讲怎么样让自己的记忆力更加靠谱,不要成为被干掉的那一个。

最强大脑 "魔方墙找茬王"郑才千的学神秘笈

一、秒杀单词：记单词是怎么回事儿

英语单词，这是一个老生常谈的问题，但是长期以来并没有得到解决，很多人仍然是靠所谓的勤奋和毅力来记忆。勤奋和毅力只对于极少数人有用，比如唐僧，他就可以到西天取经，换成我肯定半途而废，说不定还会出事故，比如伟大的航海家麦哲伦环游地球的过程中居然挂了！

而现在，坐飞机横跨半个甚至整个地球根本就不是个事儿！可见，只有从工具和方法上入手才是解决问题的根本之道！

1. 单词为什么难记

对很多人来说，记单词是一件非常痛苦的事情，难点主要有以下几点：

（1）枯燥无味

不可否认，如果说记忆中文文章、词语还有一点意思，能感受到字里行间的生趣的话，那么对着一长串之前根本不认识的蚯蚓一样的图形，要记住它们的排列、读音还有意思，的确是一件很枯燥的事情。

（2）方法单一

面对这种奇怪的文字，我们无从理解，大部分人都是通过死记硬背，不断重复它们的拼写、读音、中文意思的单一方法，周而复始。至于"音标记忆法"，英文本来就是拼音文字，根据音标记忆只能算是最常规的办法。

（3）战线太长

在我们快要崩溃的时候，老师鼓励我们说：不要着急，我们一个学期只要背三五百个单词，你们每天只背5个、10个，这个都可以做到吧？那日积月累，一年能背多少？

这话不能说完全不对，的确，记忆力再差的人一天10个单词也绝对可以记得住。但是，前三天你或许记了30个单词，到了第四天可能就忘掉了20个。我们没有超忆症，我们每个人都会遗忘，采用这种所谓的日积月累法来学习单词就像狗熊掰棒子，最后记住的可能还是那几十个。

对付可恨的单词绝对不可以拖长战线，必须简单、粗暴、"就地正法"！

2. 什么样的单词好记

单词记忆是如此困难，难道真的就没有好记的单词吗？每次我问到这个问题，大家在思考之后都会说：还是有的。有哪些呢？比如说：apple、blackboard、golf……

如果我们找出这些单词为什么好记，把其他的单词也转化成为这种单词，岂不是就万事大吉了？

那我们就来仔细分析一下这些单词：

Apple 好记无非是两个原因：字母只有5个，比较少；单词太常见，经常主动或者被动重复。

Blackboard 好记的原因也很明显：black "黑" +board "板" =blackboard "黑板"。

Golf 这种单词则是属于基本不需要记忆的，它的发音就是在告诉我们它的意思"高尔夫"。

3. 郑才千单词记忆法

从以上单词的特点出发，我们就可以得到单词速记的方法：合理重复＋让拼写或者读音告诉我们单词的意思。下面我们把记单词方法分为千里传音、望文生义和群组法三大类。

（1）千里传音

英语是以发音为基础的语言，所以从发音着手是非常明智的。这里共下分为3个方法。

1）音译法

音译词由来已久，民国时期，中文世界里放眼望去有大量的音译词。我们来看一个有意思的例子。

你的洪炉是印曼桀乃欣，永生的火焰烟士披里纯，炼制着诗化美化灿烂的鸿钧。

——徐志摩《草上的露珠儿》

徐志摩的诗歌什么时候变得这么难懂了？"印曼桀乃欣"和"烟士披里纯"是几个意思？念起来都十分拗口，其实"印曼桀乃欣"就是imagination（想象），"烟士披里纯"就是inspiration（灵感），怎么样，是不是不拗口了？

直到现在，我们还有很多音译词，面对这些词完全不需要耗费宝贵的脑细胞，只需要多读几遍，自然就能够记住它们的真面目。

aids 艾滋　　　　ballet 芭蕾　　　　bikini 比基尼　　　cigar 雪茄
chocolate 巧克力　coffee 咖啡　　　guitar 吉他　　　　golf 高尔夫

2）谐音法

随着中外交流的深入，越来越多的单词已经从音译转化为意译，比如之前 telephone 叫作"德律风"，现在大家都说"电话"。那么通过读音记单词这么好的方法难道就不能用了？

当然不是，谐音法就是音译法的一种变通。这种方法很多人在学英语时自觉不自觉地都使用过。简而言之，这种方法就是找到与单词读音最相近的汉字，然后把这些汉字的意思和单词真正的中文意思进行联系。先给出一些例子，后面你可以发挥联想。比如：

英文单词	中文意思	中文谐音	记忆
addition	加法	爱迪生	爱迪生喜欢做加法。
adult	成年人	儿大了的	儿大了就是成年人。
alcohol	酒精	饿可喝	酒精饿了可以喝。
guard	警卫人员	嘎的	哦，买嘎的，快跑，警卫来了。
bruise	青肿	不如死	满脸青肿不如死。
bullet	子弹	不理它	让子弹飞，不用理它。
coffin	棺材	靠坟	棺材是和坟墓靠在一起的。
crystal	水晶	贵石头	水晶肯定是贵石头。
cushion	垫子	酷刑	坐电椅的垫子肯定是酷刑。
ponderous	笨重的	胖得要死	胖得要死所以笨重。

3）拼音法

我们把英文单词当作汉语拼音来读，往往会有意想不到的效果，这种把汉语拼音读法拼出的中文词语和真正的单词意思联系在一起进行记忆的方法，就是拼音法。比如：

英文单词	中文意思	中文拼音词	记忆
banana	香蕉	爸拿拿	这些香蕉很好吃,爸爸拿了又拿。
bank	银行	办卡	到银行办卡。
bandage	绷带	扮大哥	你以为头上缠上绷带就能扮黑帮大哥啊。
dam	大坝	大妈	彪悍的大妈站在大坝上与龙王对决。
hang	悬挂,吊死	行	吊死的人一行一行的。
mad	发疯的,恼火的	妈的	恼火的人常用"妈的"这句脏话泄愤。
maid	女仆,少女	买的	古时候的女仆多是买来的,现在也有少女被拐卖的情况。
germ	微生物	哥儿们	学生物的哥儿们每天都与微生物为伴。

(2) 望文生义

很多时候一个单词我们能说出来,但是写起来却经常有一两个字母不确定。然而到了考试无论你是错一个字母还是全错,结果都是——错!所以,针对这些"弯弯曲曲的蚯蚓",我们研发出了让字母变成朋友的方法——字母编码。和数字一样,通过转化,我们可以让每一个枯燥的字母都变成有意思的日常事物,从而来帮助进行记忆。做到意思和拼写的无缝连接后,就可以望文而生义了。字母编码是本小节其他方法的基础,可下分为单个字母编码和复合字母编码。

单个字母编码

单个字母编码的方式有很多,比如以字母"b"为例,可根据英文读音、汉语读音、象形等进行编码:

字母	英文读音	汉语读音	象形	数字	首字母
b	笔	脖子(bo)	勺子	6(也是勺子)	蜜蜂(bee)

根据这样的思路,我们可以很轻松就做出自己独家的字母编码:

单个字母编码举例

字母	编码	原因	字母	编码	原因	字母	编码	原因	字母	编码	原因
Aa	苹果	首字母	Hh	椅子	象形	Oo	呼啦圈	象形	Vv	漏斗	象形
Bb	笔	英文读音	Ii	蜡烛	象形	Pp	皮鞋	汉语读音	Ww	王冠	象形
Cc	月亮	象形	Jj	挂钩	象形	Qq	QQ企鹅	标志	Xx	剪刀	象形
Dd	笛子	英文读音	Kk	AK-47	象形	Rr	发芽的种子	象形	Yy	衣杆	象形
Ee	衣服	英文读音	Ll	棍子	象形	Ss	蛇	象形	Zz	鸭子	象形
Ff	斧头	汉语读音	Mm	麦当劳	标志	Tt	雨伞	象形			
Gg	鸽子	汉语读音	Nn	门	象形	Uu	水桶	象形			

复合字母编码

虽然有了单个字母编码,但是单词大都是由多个字母组成的,如果一个字母一个字母去记忆,也是很头疼的。所以,我们还要对多个字母进行编码,减少记忆单位。

编码方式基本就是通过借用常见的各种英文和中文缩写。英文缩写自不必说,中文缩写更是我们中国人的一大资源。而且当你想不到怎么编码的时候,强烈推荐神器"搜狗拼音输入法",输入字母,很快就会有一大堆词语供你选择。比如我现在输入我名字首字母cq,会得到:才干、充气、拆迁、存钱、抽签、纯情……其中不少都是很具象化的词语,可以帮助记忆。

下面来看看,我的学生们做的一些编码。这里只是举例,更多的可以见附录,当然,你也可以尝试一下!

复合字母编码举例

abo: 阿伯	ac:AC 米兰
ad: 阿弟,阿迪达斯,矮的	adu: 阿杜
af: 爱疯,爱妃,阿福,安抚	ag:爱国,阿哥,昂贵,a股

ai：爱，矮，癌，挨	ain：爱你，挨虐
ak：爱哭，奥康，ak-47	al：阿联，暗恋，all 的缩写
am：阿妈，挨骂，澳门	an：一个，按，鞍
ap：阿婆，挨批	at：在，爱他，安踏
ah：啊哈，安徽	as：as，暗杀，爱死，暗算
asm：阿诗玛	ate：eat 的过去式，吃
ati：阿嚏，挨踢	ation：一个神

有了上述两种字母编码的准备，看看我们下面怎样玩单词。

1）字母编码法

根据字母的形状、读音等可以给字母赋予对应的编码，这和我们前面记忆数字异曲同工：

英文单词	中文意思	编码	记忆
bamboo	竹子	ba 爸 +m 妈 +boo 600	熊猫爸爸向熊猫妈妈送了 600 根竹子作为生日礼物。
hammer	锤子	ha 哈 +mm 妈妈 +er 儿子	妈妈让儿子边用锤子边喊哈。
gloom	忧郁	gloo 9100+m 米	老师让我跑 9100 米，跑完才能放学回家，感觉好忧郁。
abundant	丰富的	a 一 +bun 磅 +dant 蛋挞	我送她一磅蛋挞，便深得她喜爱，获得她丰富的家产。

2）他乡故知法

他乡故知法，顾名思义就是把一个单词分解成为几个"老朋友"——熟悉的单词来进行记忆，就好像 blackboard=black+board 一样，记起来当然就非常简单。更多例子如：

英文单词	中文意思	分解	记忆
backyard	后院	back 后面 + yard 院子	后面的院子就是后院。
hesitate	犹豫	he 他 +sit 坐着 +ate 吃的过去式	他坐在椅子上为是否吃掉这些过期食品而犹豫不决。
innocent	清白	in 在……里面 +no 没有 +cent 分	两袖清风指的是做官的人袖子里没有一分钱,清白无私。
mainland	大陆	main 主要的 +land 陆地	主要的陆地就是大陆。
capacity	容量、能力	cap 帽子 +a 一个 +city 城市	帽子盖住了一个城市,容量很大。
scarcity	缺少、稀少	scar 伤疤 +city 城市	社会发展日益加快,建筑物有"伤疤"的城市越来越少了。

3）字母 + 熟词法

简单由熟词组成的单词毕竟不多,由熟词和几个比较"讨厌"的字母组成单词则更为常见。这时候运用"字母 + 熟词"的方法就可以很好地解决,而这里的单个或者几个字母自然也需要将其进行编码:

英文单词	中文意思	字母 + 熟词	记忆
groom	新郎	g 哥哥 +room 房间	哥哥进洞房就是新郎。
spark	火花	s 美女 +park 公园	在公园遇见美女眼冒火花。
olive	橄榄树	o 鸥 +live 居住	海鸥住在橄榄树上。
stark	僵硬的	star 星星 +k 客人	客人在山上看星星冻得僵僵的,一动不动。
seep	渗出	see 看 +p 皮	看鬼片时,皮肤容易吓出冷汗。
sausage	香肠	s 美女 +a 一个 +us 我们 +age 年龄	美女把一个香肠给我们同龄人。
tablet	写字板	table 桌子 +t 七	七张桌子当作写字板。
handy	方便的	hand 手 +y 耶	用手比"耶"的姿势是很方便的。

4）乾坤大挪移法

有些单词看起来很陌生，但是将字母顺序调换之后却一秒变"熟人"，这个时候难度就大大降低。具体如：

英文单词及词义	变形后单词及词义	记忆
angle- 角度	Angel- 天使	天使无论从哪个角度看都是很美的。
doom- 厄运	Mood- 情绪	坏情绪并不能阻止厄运的到来。
drawer- 抽屉	Reward- 报酬，奖励	抽屉里满满的钱是老师奖励我认真完成作业的。
keen- 激烈的	Knee- 膝盖	他参加了紧张激烈的斗争结果膝盖受伤了。
loaf-（一条）面包、大块食物	Foal- 驹	小马驹不能吃大块的食物也不能到处游荡。
live- 生活	Evil- 邪恶的	生活总会有邪恶的一面。
nail- 钉子	Li'an - 李安（著名导演）	李安喜欢用钉子钉指甲。
trap- 圈套；陷阱	Part- 部分	你识别了圈套的一部分，就能不掉进陷阱了。
dog- 狗	God- 上帝	忠犬八公是连上帝都会爱的狗狗。
keep- 保持	Peek- 偷看	妈妈说我再偷看电视，以后会保持一辈子戴眼镜。
way- 路	Yaw- 偏航	马航MH370因为偏离航道，走上了不归路，让人无比伤心。

5）别有洞天法

这个方法和"他乡故知法"有一点相像，但是这一次熟词没有那么好找，是藏在单词当中的，可谓"别有洞天"。

英文单词	中文意思	"字母 + 熟词"升级版	记忆
boast	自夸	boat 小船 +s 美女	美女自夸她的小船是艘豪华游艇。
camp	露营	cap 帽子 +m 妈	妈妈带着帽子去露营。
pension	退休金	pen 钢笔 +son 儿子 +I 我	我儿子用养老金买钢笔。
shrimp	小虾	ship 船 +r 儿 +m 麦当劳	船上的儿子常在麦当劳吃小虾。
sinister	险恶的	sister 姐姐 +ni 你	仙女对灰姑娘说："你姐姐是险恶的。"

6）认祖归宗法

这就是我们经常听说的词根词缀法，很多英语老师也会推荐这种方法。词根词缀就类似于我们汉字的偏旁部首，有了偏旁部首在记单词时就有了更多的理性依据，这个应用起来大家应该非常熟悉。

英文单词	中文意思	拆分	记忆
disagree	否定	dis 不 +agree 同意	不同意就是否定。
unforgettable	难忘的	un 不 +forget 忘记 +able 能	不能忘记的就是难忘的。
underestimate	低估	under 低 +estimate 估计	低的估计就是低估。
postwar	战后的	post 后 +war 战争	在战争之后就是战后的。

这是个老方法，掌握起来很轻松，在这里要强调的是另外的问题：这个方法这么好，为什么大家在记单词时用得不那么多呢？

原因在于词根词缀很多不是那么常见，我们根本就不认识，自然无法按照方法去进行记忆。对此，我们可以通过两种方法解决：

① 熟人引路。通过熟悉的单词来进行捆绑记忆。比如 aero 是"空气"的意思，选用 aeroplane 作为例词，再比如 act 是"动"的意思，选用 actor 作为例词，ag 是"做"的意思，选用 agent（代理人）作为例词，然后三个例词进行一个简单联系，"飞机有一个代理人是演员"。最后通过这个联系回忆单词，而单词包含着词根、词缀的含义。

② 直接记忆。这里说的直接记忆是指把该词根、词缀当作一个单词，然后采用本节的各种记忆方法来记忆。

（3）群组法

记单词时把有联系的词放在一起进行记忆，可以起到互相提醒的作用，也是一种非常好的办法。这里主要介绍两种方法。

1）分类记忆法

根据意思对单词进行分类，一方面可以提高记忆速度，另一方面对意思的理解也会更加准确和深刻。

① 学习用品

| pen 钢笔 | pencil 铅笔 | ruler 尺子 | book 书 |
| schoolbag 书包 | eraser 橡皮 | sharpener 卷笔刀 | notebook 笔记本 |

② 水果和蔬菜

| apple 苹果 | banana 香蕉 | pear 梨 | orange 橙 |
| watermelon 西瓜 | grape 葡萄 | eggplant 茄子 | strawberry 草莓 |

③ 动物

| cat 猫 | pig 猪 | horse 马 | dog 狗 |
| ant 蚂蚁 | fish 鱼 | goose 鹅 | hen 母鸡 |

2）似曾相识法

把要记忆的信息转化为我们已经熟知的信息，这是非常重要的一种方法。同样，记单词时，把单词与熟悉的单词进行对比记忆，也是一种非常好用的方法。如下表：

英文单词及词义	形似单词及词义	记忆
love- 爱	lone- 孤独	自从单身后非常缺爱，常常感到非常孤独。
light- 灯光	right- 右边；正确	在走迷宫时，右边有灯光的话，往右走才是正确的。
map- 地图	may- 可能	在野外拿地图，才可能走到正确的路。
luck- 幸运	lock- 锁	妈妈总是会给新生的宝宝戴长命锁，据说这样能带来好运。
steak- 牛排	steal- 偷	妈妈煎的牛排实在是太香了，放在桌子上，不一会儿就被小狗悄悄地偷走了。
stain- 褪色，变污	stair- 楼梯	我家房子住了很久，木制的楼梯把手很多都已经褪色了，磨得光光的。

（4）万剑归宗法

万剑归宗，顾名思义，就是结合我们前面所学的各种方法进行记忆。

英文单词	中文意思	万剑归宗记忆
Adjust	调整，调节	【方法】ad 广告 +just 刚刚【记忆】由于广电总局的规定，广告时长刚刚被调整。
Lag	走得慢，落后	【方法】l 拼音"拉"+Ag 化学元素"银"【记忆】拉一车银，银子太重，走得太慢，要落后。
Euthanasia	安乐死	【方法】eu：European Union 欧盟 +than 比 +Asia 亚洲【记忆】在推行安乐死上，欧盟比亚洲先走了一步。
Digest	消化；领会	【方法】dig 挖 +est 最【记忆】要想消化所学内容，最好对所学内容深挖。
Rocket	火箭，火箭发动机	【方法】rock 岩 +et 外星人【记忆】外星人的火箭落在岩石上。
Restaurant	餐馆	【方法】rest 休息 +aur 形似 our 我们的 +ant 蚂蚁【记忆】蚂蚁在我们的餐馆休息。
Moustache	胡子	【方法】mou 谋 +st 手套 +a 一个 +che 车【记忆】为了谋取白雪公主的命，皇后戴上手套，挑着一篮子苹果，戴上假胡子，装成卖水果的大叔，坐着货车来到森林里。

好了，"郑才千记单词法"基本讲完了，请综合运用书上的方法记忆"长单词恐惧症" hippopotomonstrosesquippedaliophobia 这个单词吧。

二、玩转数理化与数字

在理科学习当中,同样有很多知识需要进行记忆,而且这些知识在运用时都是失之毫厘谬以千里,因此要学得非常扎实。

1. 不背公式的公式学习法

数学、物理等学科当中有很多公式,比如万有引力定律的计算公式就有好几个:

$$F=G\frac{Mm}{r^2} \quad F=\omega^2 mr \quad F=\frac{mv^2}{r} \quad F=ma \quad F=mg$$

这些公式固然可以推导出来,但是考场上争分夺秒,想解题思路的时间尚且很紧张,哪有时间再去慢慢推导呢?而且,有的题目其解法具有唯一性,就是要通过某个特别形式的公式才能算出结果,如果你对这个公式不甚熟悉,还需要靠一步一步地推导才能得到,那在考场的紧张气氛下想要顺利解题真是很悬。

那么这些公式应该怎么处理呢?甚至,可不可以不记忆公式呢?答案是肯定的,而且不记忆公式,很多时候反而有更好的效果。

不记公式那做什么呢?我们的方法就是直接记题目。考虑到除了理工生外,基本都不怎么熟悉万有引力定律,我们选取一个简单的例子来说明。

小学我们学习关于体积知识时,要记很多的公式。比如:

长方体体积公式：V=abh

正方体体积公式：V=a³

圆柱体体积公式：V=πr²h

对于这些公式，学生很容易混乱，而实际上如果直接记忆题目反而简单。

比如：已知长方体高 20 厘米，长宽都是 10 厘米，求体积？显然结果是 2000 立方厘米。

现在，将该长方体从高 20 厘米的一半处截断，得到一个棱长为 10 厘米的正方体，求体积？显然结果是 1000 立方厘米。

现在，在该立方体的底面上画一个直径与棱长相等的圆，并且削去圆形之外部分，使之成为一个圆柱体，求体积？显然结果是 250π 立方厘米。

学生可以直接记忆 20、10、2000、1000、250π 这些数据，考试的时候直接替换，一样可以得到正确答案，但是比起枯燥的充满字母的公式，这样的实际题目要容易记忆得多，也容易理解。

我们也经常看到这样的新闻：某某神童、某某状元做题不多，但是通过背诵教材例题，下笔如有神，在考试中取得了优异的成绩。其实，通过刚才的例子可以发现，背诵例题的确可以带给我们比背诵公式更深刻的感悟，比干巴巴的公式更容易操作，考出好成绩也在情理之中。

而且现在我们读完前面相关章节懂得数字编码之后再去记忆，应该是一点难度都没有了。

2. 突击公式的方法

当然，有的时候，我们需要在短时间内大量突击公式，而且有些公式仅凭我们的日常生活体验是难以真的体会其含义的。这个时候，就可以采用编码法进行突击记忆。

电功的公式：W = UIt

这个公式可以用谐音编码记作："大不了，又挨踢。"

还可以用我们学过的英文字母编码，乌鸦（W）想喝水就用伞（t）和棍子（I）打破了杯子（U），终于喝到了水。

还可以把后面的UIt换一下顺序，变成tui（在物理学上大小写是不能乱换的，这里因为我们已有一定的物理基础，暂时换掉也不影响），tui按照汉语拼音可以读成"退"，我们和w代表的"功"联系在一起就是"功成身退"。

下面看电流强度公式：

电流强度公式：I = Q/t

可用谐音编码记为："爱神丘比特。"

英文字母编码则为："把气球（Q）粘在伞（t）上，远远看上去就像一支蜡烛（I）。"

有些聪明的老师也会有一些特别的总结，同学们要特别注意这方面的宝贵经验。比如大名鼎鼎的三角函数和差化积公式：

$\sin\alpha + \sin\beta = 2\sin[(\alpha+\beta)/2] \cdot \cos[(\alpha-\beta)/2]$

$\sin\alpha - \sin\beta = 2\cos[(\alpha+\beta)/2] \cdot \sin[(\alpha-\beta)/2]$

$\cos\alpha + \cos\beta = 2\cos[(\alpha+\beta)/2] \cdot \cos[(\alpha-\beta)/2]$

$\cos\alpha - \cos\beta = -2\sin[(\alpha+\beta)/2] \cdot \sin[(\alpha-\beta)/2]$

这个公式的终极杀手锏如下：

正加正，正在前。正减正，余在前。余加余，余并肩。余减余，余不见，负号很讨厌。

据说这个是我老师的老师那时候就有了，虽然年代久远，但是效果的确很赞，正在学习三角函数的同学不妨试一试。

3. 记忆重要数据

理科学习中还有一些重要的数据也是需要熟记的，不过相信聪明的你肯定知道该怎么办了。没错，使用我们前面学到的三大方法加上数字编码就可以完美解决。

比如三种宇宙速度：

第一宇宙速度（又称环绕速度）：是指物体紧贴地球表面做圆周运动的速度（是人造地球卫星的最小发射速度，也是最大绕行速度）。其大小为 7.9km/s。

第二宇宙速度（又称脱离速度）：是指物体完全摆脱地球引力束缚，飞离地球所需最小初始速度。其大小为 11.2km/s。

第三宇宙速度（又称逃逸速度）：是指在地球上发射的物体摆脱太阳引力束缚，飞出太阳系所需的最小初始速度。其大小为 16.7km/s。

怎么记忆数字相信不需要我重复了，这里要强调的一个理念是：能不记就不记，不要做记忆法的奴隶！很多人学习了记忆法之后，见到材料，不管三七二十一，上来就开始转化、编码、联系，这个问题在某些专攻脑力竞赛的选手身上尤为严重。而实际上，记忆力只是智力的构成之一，它只有和我们的分析推理能力结合以后才能发挥出最大的威力，否则你只是在做另外一种"死记硬背"，是一种白痴记忆。

我们来看一下，需要记忆的数据究竟是哪些？

7.9km/s、11.2km/s、16.7km/s，乍看是这么多，而且量也不大，但是，记住"能不记就不记"，有偷懒的机会还能放弃？

作为一个正在学习物理的人，非常清楚描述"宇宙"这个概念的时候，速度单位必然是千米甚至是万千米每秒，那么宇宙速度是干吗的？是用来计算飞行器飞上太空、飞越太阳系的，是人类飞行器的速度。通用的光速大多数人都知道——30万千米每秒，人类飞行器的速度是多少我们可能不清楚，但是肯定不是和光速一个数量级的。所以，后面的单位必然是 km/s，所以单位不需要记忆。

下面就开始记忆了？我们还可以减少记忆量！根据物理常识，我们知道第一、第二、第三宇宙速度的数值肯定是逐渐增大的。并且这三个速度都是精确到小数点后面一位。据此我们可以大胆地把11.2和16.7前面的1去掉，变成1.2和6.7。我们在还原的时候可以根据前面的原理自动补充前面的十位数1。因此，最后我们只需要记忆7.9、1.2和6.7！最后，这三个速度可以记忆为："飞越宇宙需要乘坐一个巨大的气球（79），这个气球由一个婴儿（12）用特别的油漆（67）刷成，可以抵抗宇宙射线，飞过那个巨大山巅（三个小数点）的时候，就到了。"

有人可能会说：这样记忆量是减少了，但是你分析来分析去不累吗？就直接编码记忆也挺快的呀。诚然，针对这个问题，这么少的数字，我们直接编码记忆甚至就死记硬背也可以迅速解决。但是我们每天要面对各种各样的信息，如果你能够养成这种先分析后记忆的习惯，那么以后面对某些复杂问题时你就更有可能高效率地解决（虽然这个分析过程我写出来的确是不短，但是在脑海当中其实如电光石火一般）。反之，则只能是用最原始的方法。要知道，我们学习的内容、面对的信息会越来越难、越来越复杂，下一次可能就不是3组数字这么简单的信息了，信息越复杂，分析的作用就越大。

4. 记忆历史年代

历史年代怎么跑到宇宙速度这里来了？历史年代其实就是数字，记忆镁是12号元素和镁的发现年代是1808年并没有什么区别。我们学习时不要被表象迷惑。如果按每个历史年代4个数字，主要历史事件200个的话，那么就要记忆800个数字，让人毛骨悚然！那么如何才能既多又快地牢记历史年代呢？

历史年代记忆是世界脑力锦标赛的比赛项目之一。我曾在比赛中打破了亚洲纪录，在平时的训练中5分钟经常记忆到130个。要达到这个程度死记硬背基本没戏，主要靠方法，下文我将列举一些主要方法。

(1) 谐音编码法

谐音编码记忆法就是把历史年代通过谐音或者数字编码转换成有意义的词汇和事件，然后进行联想记忆。

例如：

383年，淝水之战。【记忆】383谐音为：三把伞。想象淝水之战双方是为了夺取三把伞，因为那里"水很肥"，经常下雨。

1857年，印度民族起义。【记忆】1857谐音为"一把武器"，我们可以想象印度人民非常勇敢，只有一把武器就敢去起义（不愧是开挂的民族）。

(2) 特征编码法

稍做观察，我们发现有些年代的数字很特殊，平时学习过程中特意收集编排在一起，就容易记住。

1）自然数排列：1234年蒙古灭金，1789年法国大革命。

2）前后数字相同：1616年努尔哈赤建立后金，1818年马克思诞生，1919年五四运动。

3）首尾数字相同：313年基督教在罗马帝国取得合法地位，383年淝水之战，979年北宋结束五代十国分裂局面。（怎么又来383？印刷错误吧？383年的确可以用两种方法来记忆，所以历史年代不仅非常好记，而且可以用不止一种方法来记忆。）

(3) 时间归纳法

稍做观察，我们发现有些年代的数字很特殊，平时学习过程中特意收集编排在一起，就容易记住。

1）相同时间归纳法：

近代中国签订的不平等条约：

1844年：中美《望厦条约》，中法《黄埔条约》；

1860年：中英《北京条约》，中法《北京条约》；中俄《北京条约》。

2）间隔时间归纳法：

相隔2年：

1911年辛亥革命，1913年二次革命，1915年护国运动，1917年护法运动，1919年五四运动，1921年中国共产党成立。

相隔10年：

1851年太平天国革命爆发，1861年俄国废除农奴制，1871年巴黎公社革命，1881年苏丹反英大起义；

1884年中法战争，1894年中日甲午战争，1904年日俄战争，1914年第一次世界大战，1924年第一次国内革命战争，1934年红军长征。

相隔百年：

1689年彼得一世改革，1789年法国资产阶级革命爆发，1889年日本颁布宪法；1989年，美军入侵巴拿马。

相隔千年：

640年唐朝设立安西都护府，1640年英国资产阶级革命爆发；

868年唐朝印制《金刚经》，1868年日本明治维新。

（4）笔画记忆法

1662年郑成功收复台湾。我们可以发现"成、收"这两个字的笔画都是6画，"复"表示重复，即2，合起来就是"662"。根据我们"能不记就不记"的原则，前面的1当然是不需要记忆的。

1927年八一南昌起义。"南"字上面两画，下面七画，所以合起来就是27。南昌起义肯定是20世纪的事情，所以前面的19也不需要记忆。

1936年张学良和杨虎城发动西安事变。"城"左边的"土"是三画，右边的"成"是六画，合起来就是36。同样，西安事变我们都知道是20世纪的事情，所以前面的19也不需要记忆。

三、语文轻松记

语文这个科目，目前越来越重要了，江苏、北京等地区都在不断加大语文分值。而当前政府对于传统文化的重视，也必然会渗透到高考改革中来，所以语文在各级升学考试中的权重不断加大是一个无须怀疑的趋势。

而语文素来以充满各种各样、边边角角的知识点背诵而出名，这正是我们使用记忆方法的大好机会！

1. 搞定基础知识

除了极个别考试改革比较激进的省份（不过，新一轮高考试卷统一化已成定局，所以这个也不必考虑太多了），字音、字形这种基础知识的考查是语文考试少不了的内容，而这种题目又以考查生僻、刁钻知识点出名，并且基本上会就会，不会只能瞪眼，再聪明的人也没有办法。所以，平时记牢这些字音、字形是你的唯一救赎！

（1）字音题

语文考试中的字音辨析题让很多人感到头疼，尤其对像我这种带有方言的人来说更是噩梦。不过，通过合适的方法，我们可以很快就分清易混淆的读音。

字词	读音	记忆
三闾	lú	三闾大夫屈原倔脾气，跟三头驴一样。
山大王	dài	山里最大的王，带领别人。
灵柩	jiù	没有救了就要进灵柩。
纶巾	guān	羽扇纶巾是当官人的打扮。
针灸	jiǔ	艾灸需要用很久的火。
日晷	guǐ	古时如果没有日晷，鬼才认识时间呢。
瓜葛	gé	瓜田之间相互隔着。
侗族	dòng	住在洞里的民族。

（2）字形题

字形题也同样是考查的重点，通过下面例子，我们来看看怎么样快速解决。

易错字词	正确字	记忆
奕棋	弈	对弈的棋盘都是十字交叉的，就像"弈"字的下面。
疏峻	浚	拓宽河流，所以就是三点水。
肖象	像	是给人画像所以要用人字旁的。
恢谐	诙	言语有趣，要用言字旁。
宣染	渲	本意是水墨画的一种技法，所以有三点水。
天然汽	气	这是气体没有水。
火山暴发	爆	火山当然要喷火。
暗然泪下	黯	不是天色变暗是心情变暗。
敖敖待哺	嗷	婴儿要用嘴叫。
山洪爆发	暴	洪水里面没有火。
罢绌百家	黜	罢黜百家，就是把其他家都黑出翔。
军事布署	部	军事自然要联系到部队。
不径而走	胫	这里是指小腿，所以是胫骨。
令人发直	指	令别人不得不竖中指。

2. 搞定古诗词

古诗词是语文考试当中绕不过去的一个重要内容。因为古诗词的语言与现代文很不一样，所以记忆起来也不容易，不过采用科学的办法则可以迅速记住。下面我们主要介绍记忆法和思维导图两种方法，它们在前文都详细探讨过了。

（1）记忆法

与其他的中文信息一样，运用记忆法记古诗也很简单。以《鹿柴》为例：

鹿柴（王维）

空山不见人，但闻人语响。返景入深林，复照青苔上。

根据"郑公式"可得：

① 编码：我们可以找出引导词，比如：山、人、人语、深林、青苔。把所有词按照前面说的五大方法转化为图像，这里只有"人语"是特别抽象的，"山"和"人"找到一个具体代表就可以了，"人语"通过谐音很简单就可以转化为"人鱼"。

② 联系：运用前文学习的三大方法当中的任意一种把这些词语前后联系起来存入大脑，比如：山上的仙人每天抓人鱼去深林里面清除青苔。

③ 回忆并解码：回忆这些词语，根据词语还原全诗。

④ 修正：由于古文与现代文语言差异较大，在复原时有可能会有个别词与原文有所区别，为确保正确，还应该与原文对照后修正。

不过，谐音这种方法对于年龄比较小的同学不建议使用，因为他们的知识储备、理解能力很多时候还没有跟上，如果这种方法使用过多，有可能会阻碍他们对诗歌的正常理解，至于初中以上的同学则不用担心这个问题。

（2）思维导图

这种方法是我比较推荐的，还是以《鹿柴》为例。根据"郑步骤"可得：

① 找出引导词，前面已经找过，这里不再赘述。

② 确定主干分支和次级分支有几个，都要写什么画什么。一般来说短小的古诗，一句话一个主干分支就可以了。次级分支有多少个看自己的需要（指需要多少个词才能让你回忆起全部的内容）。

③ 画思维导图。画图过程中，把引导词尽量用图形来表现，比如"人语"可以画一个对话的小方框。

④ 看思维导图。

⑤ 回忆并还原全诗。

⑥ 修正。

这种方法不仅能够促进我们的记忆，而且因为画图时你的分支安排、配图都是经过思考的，所以大脑会被"强迫"进行理解、分析，这样下来，我们对内容也会有比较深刻的理解。因此，如果长期画思维导图，我们的思维能力就能够得到提高。

下图是一个例子，大家也试一试吧 。

《鹿柴》思维导图

3. 搞定现代文

作为现代人,背得最多的还是现代文。现代文一般很长,是许多人的克星,但是如果方法运用得当,也是一个比较容易解决的问题。

(1)快速阅读

我们的快速阅读理解记忆率最低是 60%,即遗忘率最多 40%。那么,经过三次速读,遗忘率只有 6.4%。这还是最低水平,可见完全可以通过此方法进行背诵。我背诵《背影》的经历就是实证。

(2)思维导图

这个不用说了,前面章节的《春》已经非常详细了。对于大部分有明显层次、逻辑的文章,我认为这是最适合的方法。

(3)"郑公式"记忆法

对于所有的文章,记忆法都是适用的。根据"郑公式"可得:

① 编码:摘取句子的引导词,并且编码转化为具体形象。

② 联系:选取锁链、导演、路线三大方法中的任意一种记住这些词语,建议采用路线法。

③ 回忆并解码:回忆这些词语,并且根据词语还原原文。

④ 修正:较长的内容中或许有细节失误,需要改正过来。

四、世上只有两种题目（上）：搞定一对一题型

很多人说我是学霸，但是我周围的朋友、学生则表示不同意，因为在他们看来，我其实是——学神！学神与学霸区别在于：同样的高分，学霸是辛辛苦苦、吭哧吭哧一个学期取得的，而学神是考前随便看看书就取得的。

从这一点上来看，我应该配得上这个称号，并且我还带领众多弟子走上了学神的道路。比如，我曾经用30多个小时完成了高中文科一半的教材学习！在大学，我只用一个多星期时间复习就取得第一名的成绩。参加比赛，我只花几十个小时的准备就打破了世界纪录、亚洲纪录。我在《芝麻开门》《一站到底》等多个答题类节目中通关。除了多读书，我还在几天之内，紧急记忆了约50000道题目。难道是因为我的天赋吗？并不是这样，我的学生们考前开始准备各类考试，如小升初、中高考、公务员考试、注会考试、司法考试等等，并取得前几名成绩的也不计其数。

其实只要你看到了考试的本质，不被卷子牵着走，就很容易达到学神的境界！

在我看来，世上本没有那么多种的题目！世上只有两种题目，首先我们来讲第一种：一对一题型。

1. 配对法与一对一题型

一对一题型是指只有一个答案的题型，比如"康熙的庙号是——圣祖"，

这种题型非常多，单选题、连线题、填空题都是属于这种题型，常见表述是"A××××× 是B"。A 是题干引导词，B 是答案（答案一般比较短小，就是一个词语）。

这里采用锁链法的特殊形式——配对法是最适合的。"钥匙插进了鹦鹉的身体里面，鹦鹉踢球儿……"这就是标准的锁链法。钥匙插进鹦鹉的身体里面，然后就没有然后了，只有两个元素进行锁链记忆才是配对法。比如"康熙的庙号是圣祖"可以这么记："糠（康熙）做的饭很难吃，就剩（圣）下了很多。"

2. 搞定一对一题型的通用步骤

再比如，"世界上最小的洋是北冰洋"这道题，我们看看应该怎么记忆，根据"郑公式"可得：

① 编码。我们首先要找到题目和答案中的引导词（答案一般比较简短，有可能不需要引导词），比如这道题目应该就是"小"和"北冰"，然后需要对此进行编码，比如"小"→"笑"，"北冰"→baby。

② 联系。将引导词通过锁链的方法牢牢"粘"在一起,比如"baby 非常喜欢笑"。

③ 回忆并解码。回忆刚才记忆的内容，根据回忆出来的引导词还原全部句子内容。把"笑"还原为"小"，把 baby 还原为"北冰洋"。

④ 修正。有时题目有点长，需要加上对照修正，以达到 100% 还原的程度。

因此，"郑公式"也可以成为解这类题目的通用步骤。

3. 中文记忆的核心——抽象词转化为形象词

中文记忆虽然原理与数字记忆相似，但有一个重要的不同点需要注意。数字可以预先进行编码，因此见到数字可以直接转化成为对应的编码。但是，常用汉字 3500 个，组合成的常用词语更是有几万之多，不太可能预先进行编码，所以我们必须在记忆的时候临时对记忆对象进行处理。当然，中文当中有很多词语是很形象的，本身不需要进行特别处理就非常有画面感。而比较头疼的就是抽象词了，我们对抽象词要进行相应的转化（如一旦把"北冰"变成 baby，事情就简单多了）。转化一般有以下 5 种方法：

（1）替换

这是一种最好的方法，而且是可以无师自通的方法。比如看到"瑞士"就想到"瑞士银行"，这就是一种替换。这种方法主要依靠记忆者自身的知识储备与思维方法，取自己的第一反应就是最好的。

（2）增减字

这种方法属于专项武器，只有适合的情况下才有奇效。比如"信用"，加一个字变成"信用卡"，或者减一个字变成"信"，都是很不错的转化。但是，你试试"苏黎世"，就无能为力了。

（3）换序

换序也是专项武器，某些词语在把顺序颠倒或换位之后会化腐朽为神奇。比如"雪白"，这是一个状态形容词，不能给人很具体的感觉（让你记忆一大片马赛克你记得住吗？），这时候把它的顺序颠倒，变成"白雪"，这样就非常形象了。

（4）望文生义

顾名思义，望文生义就是不管词真正的深层次意思是什么，只取其字面意思。比如，"结果"转化为"结了果子"，就是一种望文生义。"雨人"的原型金·皮克因为大脑结构的问题经常会望文生义，有一次他和父亲在餐厅吃饭，父亲叫他声音低一点，他就用手顺着喉咙滑到桌子下面。在神剧《还珠格格》第 9 集中小燕子也是施展了一番望文生义的神功，比如她认为"三十而立"就是三十个人排排站；"五体投地"就是自己闹了笑话害得五个人笑得身体都趴到地上去了（她倒是真闹了笑话）。

（5）谐音

这是近乎万能的一种方法，当你实在想不到其他转化方法时，试试这种方法，往往可以柳暗花明。比如"苏黎世"变成"酥梨吃"就是典型的谐音法，大家在日常生活中经常不自觉地使用这样的方法，而且进入了很多人的深层次思维。比如，电话号码、车牌号中带有 8 的被视为吉祥号码，就是因为 8 与"发"读音相近。

下面我们就实战体验一下这些方法的威力。

师兄师姐陪你学

（1）历史、地理、生物、政治……都是小 case

- 世界最长的裂谷是东非大裂谷。（冬菇）
- 世界最大的高原是巴西高原。（高息：很高的利息）
- 世界最大的群岛是马来群岛。（马群）
- 世界最大的咸水湖是里海。（大理）
- 世界最大的暖流是墨西哥湾暖流。（哥大）

——周韬

周韬使用的是题干和答案各提取一个字，合成一个熟悉词语的方法。这种方法方便快捷，不过需要使用者有很强的洞察力和文字功底。

◆ 最小的洋是北冰洋。（BABY 和"北冰"谐音）

◆ 最深的湖是贝加尔湖。（贝壳都沉到湖的最底下）

◆ 最大的咸水湖是里海。（到湖里游泳喝了一口水觉得太咸了）

◆ 最大暖流是墨西哥湾暖流。（到肯德基吃墨西哥鸡肉卷，鸡肉卷超级大，刚做出来拿在手上暖暖的，放在托盘里把盘子都压弯了）

◆ 最大高原是巴西高原。（巴西人长得都特别高大）

◆ 最大的群岛是马来群岛。（马来貘体形庞大还是群居动物）

——解居尚

解居尚用的主要是把题目和答案的引导词进行编码转化的方法，这是一种比较通用的方法。比如把"墨西哥"转化为我们很熟悉的肯德基的墨西哥鸡肉卷，比起一个我们并不熟悉的国家或者洋流要好记得多！

◆ 最早掌握原始灌溉技术是在夏朝。（灌溉技术归我管辖）

◆ 井田制盛行于西周〔景天给自己盛了碗毒稀粥。（看过《仙剑3》的同学应该熟悉这个情景）〕

◆ 祖冲之是南朝人。（王祖蓝）

◆ 我国最早的农书是《齐民要术》。（隆力奇）

◆ 孙思邈的著作是《千金方》。（孙子思考着渺茫的"钱途"千方百计想吸金）

——杜亚兰

杜亚兰对方法的掌握比较完整，这里面有提取题目和答案而合成词汇的，如"王祖蓝""隆力奇"；有对题目和答案进行编码后记忆的，如"孙子思考着渺茫的'钱途'千方百计想吸金"，尤其是结合自己比较熟悉的《仙剑奇侠传》进行记忆更是非常符合"以熟记新"的原则。

（2）搞定公务员考试和药学考试

不仅仅是上面中学阶段的知识，就算是比较难的职业资格考试，我们的方法照样十步杀一人，千里不留行。

1）公务员考试

公务员考试可谓是"中国第一考"，每年都有大批毕业生报名，竞争非常激烈。考试当中有很多常识题。因此，为了应付考试，出现了很多整理好的"公务员常识×××题"，但是要记住这么大的题量不那么容易，我们试试记忆法吧！

◆ 下列哪个农民起义是由洪秀全领导的？（D）（洪秀全原来是农民，最喜欢在金色的稻田里待着。）

　　A 大泽乡起义　　B 黄金起义　　C 赤眉起义　　D 金田起义

◆ 中国近代史上第一个不平等的条约是（B）（近代史上，男女不平等是第一个要解决的问题。）

　　A 北京条约　　B 南京条约　　C 尼布楚条约　　D 马关条约

◆ "新郎官"最早用来指（B）〔新郎结婚了肯定要进（进士）洞房。〕

　　A 新科状元　　B 新科进士　　C 新科秀才

2）药学专业资格考试

以下题目出自药学专业资格考试，我的一位学生家长和孩子一起学习之后，运用于备考之中，效果很好，有很多思路可以借鉴。

◆ 蛋白质中平均含量在16%的元素是（D）（蛋白质控制不好，在人体内就是一颗手榴弹。）

　　A 碳　　B 氯　　C 氧　　D 氮

◆ 下列氨基酸中属于碱性氨基酸的是（A）〔懒（赖氨酸）得捡（碱）〕

　　A 赖氨酸　　B 谷氨酸　　C 苏氨酸　　D 亮氨酸

◆ 不能用水提醇沉法沉淀的化合物是（D）〔单于（单宁）生活在草原，不能用水（水提醇沉）征服中原。〕

　　A 淀粉　　　　　B 树胶　　　　C 无机盐　　　　D 单宁

◆ 临床常见的Ⅱ型变态反应有（A）〔医院竟然给新生（新生儿溶血症）的双胞胎（Ⅱ）输血（溶血症），真变态！〕

　　A 新生儿溶血症　　B 血清症　　　C 血清过敏休克　　D 类风湿关节炎

练习

请尝试记忆一下下面的题目，不要偷看参考方法哦。

① 我国第一座地热发电站是：羊八井

② 简称为"江城"的城市是：湖北武汉市

③ 简称为"花城"的城市是：广东广州市

④《西游记》中的火焰山是今天的：吐鲁番盆地

⑤ 眉毛的生长周期：两个月

⑥ 中国素有"展览之都"美誉的城市是：香港

⑦ 据考古研究发现，目前世界上最早的瓷器出现在哪里？石家庄

⑧ 世界文学奖中奖金最多的奖项是：诺贝尔文学奖

⑨ 福建泉州市的雅号是：刺桐城

⑩ 江苏苏州市的雅号是：水城

⑪ 世界第一大教堂是：圣彼得大教堂

参考记忆方法：

① 地上太热了，喜羊羊为了防止自己发癫，扒在井边降温。

② 江湖上武林高手都是"汉"。

③ 花荣——小李广。

④ 红孩儿能够吐（吐鲁番）出火焰（火焰山）。

⑤ 我们都长着两条眉毛。

⑥ 展开橄榄枝，有淡淡的清香。

⑦ 有了磁石就能找到家的方向。

⑧ 一诺千金啊！

⑨ 甲醛中毒的人会感到浑身刺痛。

⑩ 春天来了，沉睡的大地开始苏醒。

⑪ 神笔马良的神笔能画出最大的教堂。

五、世上只有两种题目（下）：搞定一对多题型

除了上面的一对一题型外，我们还会遇到需要记忆多个信息的题目，比如："20世纪90年代香港乐坛的四大天王分别是谁？"这种题目非常多，尤其是国人特别喜欢搞"四大""八大"这种并称，让人记忆起来十分头疼，一不小心就会漏掉一个。这种知识点看似困难，实际上却非常简单——之前我们一连串记忆100个数字，50个编码，现在记忆几个人名、地名难道还有难度吗？我们只要把钥匙、鹦鹉、球儿、尿壶换成张学友、郭富城、黎明、刘德华就可以了。当然，如果对这四个人的名字不熟悉，我们就需要用我们前面讲的方法转化为更加形象的具体图像。

1. 搞定一对多题型的通用步骤

"四大天王"也可以换成《南京条约》的四条主要内容，所以其实我们要说的是简答论述题的记忆方法！一对一题型答案只有一两个词，就算死记硬背也可以记住一些题目。但是，简答论述题每一题都有好几条答案而且答案还比较长，绝对是让大部分学生头皮发麻的题型了。但是记住：方法在手，答题无忧。下面我们看看怎么搞定这些题目。学到这里，相信你对我们的方法体系应该比较熟悉了，我们仍然用通用的"郑公式"：

① 编码。这里有一点不一样，因为长句子很难编码，所以我们需要把长句子

里面的引导词挑出来，然后再编码。

② 联系。通过锁链、导演、路线的方法将这些引导词联系起来。

③ 回忆并解码。回忆刚才记忆的内容，根据回忆出来的引导词还原全部句子内容。

④ 修正。因为句子内容比较多，还原时难免有与原句子不太一样的地方，如果要求与原句一模一样，还需要加上对照修正，达到100%还原的程度。

下面我们来看例子：

◆ 请详细阐述一切从实际出发，实事求是的内容。

参考答案：

① 它是我们做好各种事情的基本要求，也是无产阶级政党制定和执行正确的路线、方针、政策的前提和依据；

② 它要求我们把发挥主观能动性和尊重客观规律结合起来，把高度的革命热情同严谨踏实的科学态度结合起来；

③ 既要反对夸大意识能动作用的唯意志主义，又要反对片面强调客观条件，安于现状、因循守旧、无所作为的思想。

记忆方法：

甄嬛做事实事求是，因此有很多人帮她，她做好了各种事情，无产阶级（没有生产的意思）的嫔妃们都依靠她，这是她成功的前提和依据，而甄嬛自身也十分努力，既要主动地找皇上发挥能动性获得宠幸，又要尊重后宫的各种规矩，为了反抗华妃，革命热情高涨，又学习了皇后管理后宫的科学态度，因此她成了太后。而华妃唯意志行事，最后因为太跋扈而树敌颇多，皇后又安于现状，遵循旧例，仰仗太后这个客观规律，什么事都不干，所以还是被甄嬛拉下了马。要反对这两种态度。

——晏亦杰

众所周知,《甄嬛传》是近年的大热剧,我们对它的印象都十分深刻。晏亦杰非常喜欢这部剧,采用了很多《甄嬛传》的桥段来进行记忆,效果也非常好。我们看到这是一个典型的导演法,前面说过,导演法没有太多的规则,甚至"瞎编乱造"都可以,只要你能够记住。所以,对于经常喜欢"胡思乱想"的同学来说,这种方法非常适合。

2. 路线法升级

因为这种题目答案内容较多,而且层次分明,所以路线法是比较适合的(万一你忘了一条答案,不影响其他答案的得分)。这一次,我们系统地给路线法来个升级,讲一些新方法。

(1)数字编码路线法

2015年初有则在网上传播很广的新闻,武汉一区委书记在直播节目中被要求背诵社会主义核心价值观时,中途卡壳,差点背不出来。短短24个字为什么这么难?说实话,理论终究比较无聊,大家也不能每天上班不做别的就背这个,所以背不出来也属于正常。不过,只要有了合适的方法,背上一遍不敢说终生不忘,应付一年的检查是没有问题的。先来看一下这24个字的内容:

富强、民主、文明、和谐、自由、平等
公正、法治、爱国、敬业、诚信、友善

我们下面就用数字编码路线法来进行记忆。顾名思义,数字编码路线依靠的是数字编码,用编码与记忆材料进行联系。

根据"郑公式"可得:

① 编码:"富强""民主"等词汇都比较抽象,我们需要对它们进行编码。"富

强"可以变为"富强粉","民主"可以变成"明朝的猪"等等,这个12个词相应的序号1~12也要进行编码。

② 联系:我们需要把材料编码和1~12的数字编码进行联系,排在第1位的是"富强",我们把1编码为"铅笔",这样就可以记忆为:"铅笔把富强粉的袋子扎了一个洞,富强粉全都洒了出来。"

③ 回忆并解码:根据我们的联系进行回忆,并且把编码还原,把"富强粉"还原为"富强",把"明朝的猪"还原为"民主"。

自由数字编码路线法

这里还要延伸一下这个方法:自由数字编码路线法!听起来很酷炫是不是?就是按照需要,自由对数字进行编码(而不是严格按照数字编码表),使得与内容的联系更加紧密。这里的例子是了解西方必备的常识——上帝十诫:

① 我是耶和华:你的神,除了我之外,你不可有别的神:就是说只有一个神,正好是第一条。

② 不可制造偶像与拜偶像:"二"与"偶"读音接近。

③ 不可妄称耶和华——你神的名:"三"和"神"也是谐音。

④ 当纪念安息日守为圣日:"4"谐音"事",安息日就是不能工作,什么事情都不干,这才是安息日。

⑤ 应孝敬父母:"五"与"父母"谐音。

⑥ 不可杀人:要是杀人了,你肯定溜(6)不掉。

⑦ 不可奸淫:七仙女(7)私自下凡结婚,也算是一种奸淫罪。

⑧ 不可偷盗:靠偷盗发财(8)不是靠谱的方法。

⑨ 不可作假见证:九品芝麻官(9)在基层,天高皇帝远,经常让人作假证害人。

⑩ 不可贪心:上帝全知全能,要啥给啥,生活十全十美(10),不需要贪心。

（2）身体路线法

我们一直在研究记忆、大脑，那么12对脑神经这么重要的知识绝对有必要了解。首先选取身体的12个部位：头顶、眼睛、耳朵、鼻子、嘴巴、脖子、肩膀、腰、手臂、大腿、小腿、双脚。这样从上到下组成了一条路线。

下面，我们要把 ① 嗅神经 ② 视神经 ③ 动眼神经 ④ 滑车神经 ⑤ 三叉神经 ⑥ 外展神经 ⑦ 面神经 ⑧ 位听神经 ⑨ 舌咽神经 ⑩ 迷走神经 ⑪ 副神经 ⑫ 舌下神经这12对脑神经与这条路线建立起联系。

值得注意的是：随着方法的熟练，"郑公式"当中的编码和联系这两步，慢慢可以合在一起进行。下面，我们就尝试一下：

① 嗅神经：有些头部受伤的病人头上戴着铁支架，可以想象如果护理不及时可能就生锈（嗅神经）。

② 视神经：眼睛当然是视神经。

③ 动眼神经：耳朵有洞眼（动眼神经）。

④ 滑车神经：鼻子有坡度，斜斜的，很适合滑车（滑车神经）。

⑤ 三叉神经：嘴巴仔细看起来很像一个三角，有三个叉（三叉神经）。

⑥ 外展神经：脖子下面的锁骨正好是向外展的样子（外展神经）。

⑦ 面神经：两个肩膀在一个平面（面神经）上。

⑧ 位听神经：腰这个位置要挺（听）起来。

⑨ 舌咽神经：医生说不要吸烟，所以大家手里舍弃了烟（舌咽神经）。

⑩ 迷走神经：大腿当然是用来走路的（迷走神经）。

⑪ 副神经：小腿比较细，像一副（副神经）筷子。

⑫ 舌下神经：脚在最下面，所以对应的脑神经里面有个"下"字。

（3）人物路线法

"人物路线法"就是用很多人物按照顺序组成一条路线来帮助记忆。仍然来看例子：

- ◆ 请问爱国主义的时代价值有哪几条？

参考答案：

① 中华民族继往开来的精神支柱。

② 维护祖国统一和民族团结的纽带。

③ 实现中华民族伟大复兴的动力。

④ 实现个人价值的力量源泉。

这里我们选取最熟悉的人：爷爷、奶奶、爸爸、妈妈。具体记忆方法如下：

① 爷爷继承祖业，发扬光大，德高望重，是家里的精神支柱。

② 奶奶温良贤惠，维护一家人团结友爱，是家里的纽带。

③ 爸爸正值中年，年富力强，是家业复兴的强大动力。

④ 妈妈一直在背后默默支持付出，是爸爸的力量源泉。

- ◆ 请问转变经济发展方式的基本要求有哪些？

参考答案：

① 坚持把经济结构战略性调整作为主攻方向。

② 把科技进步和创新作为重要支撑。

③ 把保障和改善民生作为根本出发点和落脚点。

④ 把建设资源节约型环境友好型社会作为重要着力点。

这里我们选取《西游记》当中的人物：唐僧、孙悟空、猪八戒、沙和尚。具体记忆方法如下：

① 唐僧一直是妖精们的战略目标和主攻方向。

② 孙悟空在取经路上思想和本领都不断进步，各种新奇方法不断，支撑着取经团队。

③猪八戒一心想吃，总想着先保证自己吃饱吃好再说。

④沙和尚是团队的润滑剂，促进了师徒四人的友好，肩上一直挑着担子，资源全在担子里。

人物路线法用起来很简单，但是有一点需要注意：如果人物之间的顺序并不那么明显，一定要自己确定好顺序再记忆，比方可以按照年龄、学号、级别等有明显顺序的来确定，否则有可能会混乱。

无处不在的路线法

到这里大家可能发现了：原来什么都可以作为路线啊！的确，地点、数字、身体、人物、文字、字母、家具、交通工具等等都可以用来作为路线工具使用。比如，我现在打字的电脑，根据冯·诺依曼的理论，就是由运算器、控制器、存储器和输入输出设备组成的，而每一部分又可以细分。比如输入设备有：键盘、鼠标、触摸板、触摸屏、手写板、小红点（thinkpad专属）、麦克风等等，这些都可以成为我们记忆的帮手，比如用鼠标来记忆滑车神经就可以想象：鼠标被使用的时候经常需要"滑"动。

只要我们留心，生活当中处处都是可以帮助我们记忆的路径系统。

当然，还有一种威力极大的方法——文字路线法，下面要单独介绍。

（4）文字路线法

文字路线法是用文字来做路线。我们通过3500个常用汉字可以创造出无穷无尽的组合，比如诗词、成语、名人名言、歇后语、广告词甚至是题目本身都可以帮助我们记忆。题目本身也能帮助记忆？是的，你没有看错，现在我们就首先来讲这种看起来很"奇葩"的方法。

1）题目路线法

这里选取的例子非常出名，这就是中国近现代史上第一个不平等条约——《南京条约》。尽管如此出名，能回答出主要内容的人却不多，甚至我在号称"中国第一高中"的人大附中讲课时，发现刚考过试的学生居然也无法完全准确回答。其实，死记硬背想要保持很久的确很困难。下面看看我这里有什么妙招。

◆《南京条约》的主要内容。

① 割香港岛给英国。

柯南在TVB（香港）节目中给福尔摩斯（英国）唱了首歌（割）。

② 赔款2100万银元。

京东老总在陪客（赔款）人的酒会上欣赏了鳄鱼（21）的表演，还用望远镜（00）发现了一个万人迷（万）美女，收获了属于他的姻缘（银元）。

③ 开放广州、厦门、福州、宁波、上海为通商口岸。

光照（广州）在下面（厦门）的一条浮身（福州）上，波光宁静（宁波）的海上（上海）同时（通商）升起一轮明月，口岸边的人们忘情欢呼。

④ 中国收取英商进出口的货物关税，由两国商定。

武则天（中国）收下了英国女王（英国）的观赏（关税）礼物（货物），但是礼物多少由两人（两国）共同约定。

——包文彬

虽然"南京条约"四个字是引导词，但是也不一定要放在最前面。包文彬的这种方法非常灵活，只要记忆方法中有相应的字，即可帮助自己想起答案。

① 割香港岛给英国。

从南面飘过来一阵香（香港）味，原来是老爸在烤一只大老鹰（英）

② 赔款 2100 万银元。

我去南京动物园，看到了又凶又丑的鳄鱼（21），不敢站得太近，只能用望远镜（00）去看它。

③ 开放广州、厦门、福州、宁波、上海为通商口岸。

一个条子在海上（上海）瞎逛（广），碰到了一个女鬼在吃涪陵（福宁）榨菜，吓（厦）得屁滚尿流。

④ 中国收取英商进出口货物的关税，由两国商定。

中国和英国的商（英商）人约定，进出口要收取关税。

——关海东

最后一条，关海东没有进行什么特别的联想，这样也是可以的。因为最后一个的确也可以很轻易理解、推断，记忆时多多运用我们的逻辑推理也非常重要。

2）熟语路线法

《南京条约》是搞定了，那还有《北京条约》《马关条约》……题目都很相似，不会混淆吗？答案是：如果处理得当，可以重复用字，在记忆时小心即可。但是最省心的还是另起炉灶，换其他词。这就是熟语路线，这里的熟语是一个统称，包括诗词歌赋、名人名言、格言警句、成语、歇后语等等。比如刚才的《南京条约》我们就可以用这样的方法来记忆：

① 我——我（中国）哥（割）香港大学的。

② 想——我姐把我玩具弄丢了，我想让她赔我一个鳄鱼（21）皮的泳裤，这样我就可以在水下用望远镜（00）看鲨鱼了。

③ 要——昨天在通商口岸丢了钥（要）匙，感谢贵女士（gxfns，即广夏福宁上）在通商口岸，帮我捡到了钥匙。

④ 书——英国书（货物）在中国的税由两国商定。

——寇龙豪

这是我的学生寇龙豪得知我要出书之后,为了表达自己要书的强烈意愿,用"我想要书"四个字作为路线词记忆《南京条约》。你是不是想说,这也可以?!是的,这也可以!

所以,这就是文字路线法最强大的地方,只要你不是文盲,你就可以有无穷无尽的文字组合来帮你!甚至,是文盲也没有关系,只要你不是原始人,你就肯定知道香港大学,就可以想象自己有个哥哥在香港大学读书,就可以记下《南京条约》!

师兄师姐陪你学

下面的例子,五花八门、包罗万象,看看师兄师姐们是怎么记忆的,不过建议先自己尝试一下。

◆ 阮籍、嵇康、山涛、刘伶、阮咸、向秀、王戎(竹林七贤)

软烂可口的咸鸡(阮咸和阮籍)做法十分考究,用的鸡是只吃糠(嵇康)和喝山里滔(山涛)滔不绝的泉水长大。香得你嗅(向秀)上一口,就忘不了那能融(王戎)化人的味道!有多少吃多少,宁愿撑破肚皮,绝不留(刘伶)到下一顿!

——魏晓雅

这里的故事很有意思,主题很明确:美食!这也是晓雅本人的一大爱好。因此记忆时从自己的喜好出发也非常有效。

住在竹林的嵇康挑了两个软软(阮籍、阮咸)的毛绒(王戎)玩具送给住在山(山涛)上的优伶(刘伶),向(向秀)她示爱。

——赵心怡

大宅门里的丫鬟香秀(向秀)打烂了鸡蛋一筐(嵇康),不去请求宽容(王戎),反而怪山猫(山涛),用榴莲(刘伶)砸向山猫,结果被软禁成了闲人(阮籍、阮咸）。

——孙俏

这两个故事的特点是：短！非常简短！但是，对于记忆来说，只要能够记住知识，故事短一点并没有什么不好。

◆ 罗聘、李方膺、李鱓、金农、黄慎、郑燮（又名郑板桥）、高翔、汪士慎（扬州八怪）

带着金斧头的农民（金农）家有爱吃李子和鳝鱼（李鱓），长着方脸的老鹰（李方膺）。这天他正张罗他儿子的聘礼（罗聘），看着那个有黄色东西渗出来的箱子（黄慎），他们家的狗问老鹰，"汪汪汪，这是肾啊？（汪士慎）""这你就不知道了吧，高智商的人都知道，这里面是翔（高翔）！""真的吗，谢谢你啦（郑燮），不过看起来好沉的样子，抬它的板子都翘起来了（板桥）。"

——郑苏晨

现在略懂网络语言的人都知道"翔"就是"屎"的意思。这故事是不是太恶心了？但是，正是这种恶心、重口味给我们的刺激才特别深刻，记忆的效果才特别好。

如果我们借助下图的地点，用地点路线法来记忆"扬州八怪"的八个人，则如下：

萝卜拼盘（罗聘）摆放在小圆桌上，礼服应（李方膺）该叠好放在粉色垫子上，历史（李鱓）书在书桌的抽屉里，金牛（金农）模型在书桌桌面上，黄山（黄慎）的壁画被扔在了书桌下的垃圾桶里，整箱（郑燮）的礼物在床头柜中，正对床头的窗外的高空中飞翔（高翔）着一只鸟儿，往事真（汪士慎）烦，我躺在床上休息。

——包文彬

地点路线法是比较系统的方法，用来记忆任何信息都有非常好的效果，记忆"扬州八怪"也是如此。

都说扬州八怪，到底是哪八怪？首先说我们最熟悉的，是郑板桥，这只是他的号。他其实是一只螃蟹精，所以名叫郑燮。自从郑螃蟹修炼成人以后就很寂寞，因为他总觉着和普通人在一起没什么意思，就上街去找知音。走着走着碰见一对兄弟，一眼看穿原形，原来一个是一只老鹰，一个是一条鳝鱼，这就是李方膺和李鱓了。三人一见如故，就结为兄弟。结拜的时候想效仿刘关张，就去找了一个园子，园子里有一个老农，很会种地，曾经拿过种地大赛的金牌，所以就改名叫金农。三人看他也不像凡人，但道行太深，看不出来，于是四人打算一同结拜，金农为老大。四人第二天想去街市上闯闯名声，正巧碰见四个人在卖艺。四个人中一人长得高大，能跳几十米高，叫作高翔；"腰子"二人组，汪士慎和黄慎，特别会烤腰子，全国闻名；最后一个是他们老板罗圈腿，罗老板把他们聘用在一起组了个草台班子卖艺。八个人一见如故，就成了好兄弟，人称扬州八怪。

——张大鹏

这个故事比较长，但是我读完之后感觉效果很好。这说明，长短并不是最重要的要素，最重要的是信息前后的联系紧密，容易联想。

才千老师有话说

很多人刚刚接触到记忆方法时会有一些失望,因为好像这并不是想象中的《葵花宝典》。记忆起来没有想象中那么轻松,进行转化、联系时有点费劲,有点麻烦,甚至有时发现还不如死背几遍。

然而,正所谓"磨刀不误砍柴工",经过一段时间的训练之后,每个人都可以很快完成这个记忆过程。本书所举的知识点其实是给大家的例子,希望读者们能通过这些例子掌握背后的方法,以不变应万变,掌握了方法自力更生才是王道。这样,不仅各种知识点可以秒记,甚至可以对一个知识点想出五花八门、各种各样的记忆方法。

这些例子是我的学生们在上课一个星期左右就达到的水平,相信你们也同样可以。

◆ 前凉、后凉、南凉、西凉、北凉、前赵、后赵、前秦、后秦、西秦、前燕、后燕、南燕、北燕、胡夏、成汉("五胡十六国"中的"十六国")

乾隆(前凉)皇帝喜欢看猴脸(后凉)戏,

看猴脸戏同时也迷倒了后宫里难得出来亮相(南凉)的妃子们,

难得亮相的妃子们平时喜欢吃细粮(西凉),

细粮虽然常吃但也会引起她们的悲凉(北凉)情绪,

悲凉的情绪隐含着失宠的前兆(前赵),

不被前兆打垮的人往往会准备后招(后赵),

后招就是准备钱多又好的古琴(前秦)演奏,

钱多又好的古琴很难买到,往往会难倒宫中的后勤(后秦)人员,

后勤人员也都带着收受小贿赂的习气(西秦),

这种习气让他们掉进了钱眼儿（前燕）里，
钱眼儿里的鼠目寸光让有些人厚颜（后燕）无耻，
而这些厚颜无耻的人还说他们有难言（南燕）之隐，
所谓难言之隐不过是背着人买大烟（北燕），
每天背着人买大烟都成了他们的呼吸（胡夏）一样，
连好好呼吸都忘了的人还好意思说他们成了好汉（成汉）。

——包文彬

五凉·四燕·三秦·二赵·一夏一成汉
前后南北西，唯独没有东

——关海东

才千老师有话说

能不记的就不记

为什么能不记的就不记呢？岂不是与本书的内容自相矛盾？这其实是我们运用记忆方法的至高境界。如果学会了记忆方法上去就来一通编码、联系……那是另外一种死记硬背。在运用逻辑分析，精简内容之后进行记忆才是真正聪明的记忆。

其实很多学生都看出来十六国的规律，但是对于怎么利用这个bug，还是欠缺了最后一步。

首先，胡夏和成汉可以很简单地转化为歌手胡夏和成吉思汗。所以，我们重点分析其他的就可以。

然后，凉燕秦赵的"前缀"都是取自前后南北西当中。所以，记住没有东就可以方便我们进行推理。

下面是最重要的，我们经过分析之后发现：前后南北西是有优先级上的区别的。凉有五个，自然是"前后南北西"全上。燕只有四个，根据对称的原则，当然只留下了"前后南北"。秦有三个，所以落单的"西"又回来了，还有两个选取的是"前后"，说明"前后"的级别比"南北"要高。自然当赵只有两个的时候选用也是"前后"。

接下来的一步就可以自由发挥了，比如按照"凉燕秦赵"的顺序来选用三大方法的任意一种进行记忆，因为它们四个是5、4、3、2等差数列，所以记住"凉燕秦赵"之后顺序匹配即可。还可以用对应的数字编码进行记忆，比如3的编码是耳朵，可以想象秦始皇（对应秦）发现荆轲要刺杀他，非常生气，命令割下他的耳朵。

我个人比较喜欢的联想是：赵的右边是两画，所以是2；秦的上方有三横，所以是3,；燕的下面有四个点，所以是4；剩下一个凉肯定就是5。

◆ 金泰妍、郑秀妍、李顺圭、黄美英、金孝渊、权侑莉、崔秀英、林允儿、徐珠贤（"少女时代"组合）

郑秀文酷爱啃盐（郑秀妍）。一天，她带着黄金去泰国买盐（金泰妍），却顺着两条土（李顺圭，"圭"是两个"土"组成）路到了美英（黄美英）帝国。到了后，郑秀文立刻大秀英（崔秀英）语，用黄金孝敬帝国元（金孝渊）首。于是，她得以保全又谋了福利（权侑莉），淋着雨（林允儿），开了家"许仙牌"猪（徐珠贤）肉店。

——刘镇

◆ 后梁、后唐、后晋、后汉、后周（五代）
吴、南唐、吴越、闽、楚、南平、南汉、前蜀、后蜀、北汉（十国）

五代：后娘（梁）堂（唐）堂正正进（晋）杭（汉）州（周）。
十国：吴难躺（南唐），吾曰（吴越）："名（闽）厨（楚）难平（南平）

懒汉（南汉），前后鼠（前蜀和后蜀）辈汉（北汉）"。（白话版：吴总管难以入眠躺在床上想白天我说过的话，我说："名厨难以摆平后厨的懒汉，前后都是鼠辈懒汉，如不清除，后厨必将大乱。"）

——杜亚兰

记忆时多想出几个版本来互相配合记忆，也是很好的办法，不过这对文字功底要求较高，耗时间也长，需要自行斟酌。

◆ 一句话的记忆

世界三大地震带是：环太平洋地震带、欧亚地震带和海岭地震带（环形的海鸥）

影响气候的主要因素有：洋流、地形、海陆分布、大气环流、纬度（伟大的海洋）

3. 司法考试和注会考试全搞定

前面说完了中考、高考、公务员考试、药学考试，接下来我们用升级的路线法虐一虐江湖上令人闻风丧胆的司法考试和注册会计师考试。这两个考试因内容极多导致难度超高，据说通过率在10%上下。下面我们举两个例子看如何搞定它们。

（1）司法考试

◆ 无效民事行为包括哪些情形？

"无效民事行为"是司法考试中的一个知识点，一共包括7种情形，我们来看看同学们是怎么记忆的。

师兄师姐陪你学

路线词：无效民事行为

（1）无民事行为能力人实施的。

吃下无名果实（看《海贼王》都懂的）的人会获得无名氏（无民事）的能力，即消除人名字的特异能力。这样周围朋友都不认识他，他会非常痛苦。

（2）限制民事行为能力人依法不能独立实施的。但间歇性精神病人的民事行为，确能证明是其在没有发病期间实施的，并且符合民事法律行为应当具备条件的，应当认定有效。

学校（效）限制着名师闻一多（民事），因为他肚里（独立）有很多抨击时政一针见血（间歇）的名诗（民事），但他没法摒弃（发病期）对时事（实施）的评价，并且如果时事符合名诗的规律（民事法律），即使力量幼小（有效）微薄也会一直坚持下去。

（3）一方以欺诈、胁迫的手段或者乘人之危，使对方在违背真实意思的情况下所为的。

鸣（民）人气到肺炸（欺诈），因为他的鞋破（胁迫）了，还不小心踩到一条橙黄色挪威（乘人之危）森林猫的尾巴（违背），猫抓伤了他，他只好去诊室（真实）就诊。

（4）恶意串通，损害国家、集体或第三人利益的。

狮（事）子斗鳄鱼（恶意）是动物园每年新年的传统（串通）节目。饲养员把笋（损）放进锅（国）里煮熟喂鸡，鸡吃饱啼（集体）叫后，把鸡扔到园区内，园区新增的这个第三者（第三人）引起了鳄鱼和狮子的注意，为了各自的利益（鸡是食物，就是它们的利益），他们开始打斗起来。

（5）违反法律或社会公共利益的。

后羿清早醒（行）来首先给玉兔喂饭（违反），撑到它眼睛都发绿（法律）了，然后开始射杀太阳公公（公共）。

（6）经济合同违反国家指令性计划的。

鹤（合）发童（同）颜的老头为（为）什么要用荆棘（经济）烧火做灵芝（指令）饭吃？因为他煨饭（违反）用的电饭锅（国）坏了。

（7）以合法形式掩盖非法目的的。

街边的盒饭（合法）又被大盖（掩盖）帽的城管定为非法。

——魏晓雅

这里整体的联想是不错的，但是第（6）条"为"转为"为什么"还是略显抽象，如果变成如"味精"这种比较具体的词语来联想记忆会更好。

这名同学使用的是文字路线法，以谐音转化为主，很顺利地记了下来。而且，这名同学并不是学法律的，可见每个人都可以运用我们的方法记下任何的知识！那么，对于现在正在学习的普通知识，你是不是更有信心了呢？

（2）注册会计师考试

"注会"是真正的"天下第一难考"，看看我的学生是怎么解决的呢？请看"注会"考试中一个数字复杂的表格：

工资、薪金所得个人所得税税率表

级数	全月含税应纳税所得额	全月不含税应纳税所得额	税率（％）	速算扣除数（元）
1	不超过 1500 元的	不超过 1455 元的	3	0
2	超过 1500—4500 元的部分	超过 1455—4155 元的部分	10	105
3	超过 4500—9000 元的部分	超过 4155—7755 元的部分	20	555
4	超过 9000—35000 元的部分	超过 7755—27255 元的部分	25	1005
5	超过 35000—55000 元的部分	超过 27255—41255 元的部分	30	2755
6	超过 55000—80000 元的部分	超过 41255—57505 元的部分	35	5505
7	超过 80000 元的部分	超过 57505 元的部分	45	13505

注：本表所称全月含税应纳税所得额和全月不含税应纳税所得额，是指依照税法的规定，以每月收入额减除费用 3500 元后的余额或者再减除附加减除费用

后的余额。

记忆分析：初步分析，这种图表适合采用路线法记忆，去掉第一列中数字末尾的两个 0 和第二列中数字末尾的两个 5（重复信息不用记），如下表所示，个人所得税 7 级税率转化成用 7 个地点记忆 25 个数字。因为个人所得税的计算与自己的工资关系比较密切，所以选择自己办公室为地点。鉴于考试需要，只记忆前 5 种税率。

1	15	14	3	/
2	45	41	10	105
3	90	77	20	555
4	350	272	25	1005
5	550	412	30	2755
6	800	57505	35	5055
7			45	13505

记忆方法：

1. 垃圾桶：一只鹦鹉（15）踩在垃圾桶的边缘，脖子上挂着一把非常重的钥匙（14），以至于鹦鹉都没有办法保持平衡，但是它还是坚持，因为它要去吃垃圾桶里那块的猪耳朵（3）。

2. 椅子：唐僧师傅（45）悠闲地坐在椅子上，因为司仪（41）在为他主持一场特别的棒球（10）赛，参加这场棒球比赛的人每人手里都拿着一个棒球（10），而且队员全都是美丽的孕妇（5）。（该学员使用了自己改编的编码。）

3. 桌子：桌子上放着一个五粮液酒瓶（90），机器人（77）拿着酒瓶在喝酒，喝一口酒抽一口烟（20），他在发愁如何能坐着火车（55）去外太空见他已经怀孕（5）的妻子。

4. 键盘：一只山虎（35）跳到键盘上转呼啦圈（0），吓坏了旁边的鹅（2）和企鹅（72），它们赶紧找来二胡（25）和棒球（10）来自卫，戴上手套（05）准备应战。

5.电脑：一列火车（55）出轨了，从电脑屏幕上冲了出来，车上缠满了呼啦圈（0），火车上坐着一位司仪（41），手里抱着一只鹅（2），他看到窗外有一辆三轮车（30）撞过来，就跳到了三轮车上，由于火车的声音太大了，他就戴上耳机（27），然后看着火车（55）越来越远。

为什么第一列和第二列中很多由两串数字组成的区间，我只记忆了一个呢？因为我们发现上一行的后面一串数字就是下一行的前面的一串数字。所以"能不记就不记"，为何要增加负担呢？"偷懒"很重要哦！

第四篇
最强大脑的自我修养

练就了最强大脑之后，我们在生活当中应该如何运用？又应该注意哪些方面，怎样才能够让大脑越来越强呢？

最强大脑　"魔方墙找茬王"郑才千的学神秘笈

一、大脑保健：吃什么？怎么运动大脑

前面第二、三篇讲了记忆训练的方法以及如何实际运用，可以称为提高学习效率的"软件"。这里我们来看"硬件"。有些老师片面强调记忆方法的重要性，说食品、补品只能补身体，不能补记忆，这显然是不负责任的说法。我们都知道天天吃垃圾食品容易变胖，容易得心脑血管疾病，那么大脑作为身体的重要组成部分，就不会受到影响吗？显然不可能！

所以，大脑这个"硬件"要想维护好，首先就要吃好！

1. 健脑食品

我们经常可以看到很多健脑食品，但是要把这些食物记下来也不是一件非常容易的事情，我总结了常见的12种健脑食品，只要多吃它们，就可以让大脑有一个更好的状态：

核桃、鸡蛋、黑木耳、玉米、黄豆、菠萝、瘦猪肉、动物内脏、藏红花、牛奶、山药、海带

这里，我们采用身体路线法将其牢牢记住。我选取的是12个身体部分：头顶、眼睛、耳朵、鼻子、嘴巴、脖子、肩膀、腰、手臂、大腿、小腿、双脚。

下面，开始行动！

头脑的形状和鸡蛋很像。眼睛和鸡蛋一样都是由两部分组成。黑木耳和耳朵都带有"耳"字，并且形状也有相似的地方。玉米须就像鼻毛，或者玉米粒和鼻屎的大小差不多（是不是很恶心？那就对了，这样印象绝对深刻）。长期不刷牙，嘴巴里的牙齿就会和黄豆一样黄。菠萝的"菠"和脖子的"脖"谐音。肩膀是经常运动的部位，多是肌肉，就像瘦猪肉。动物内脏中正好有个就叫"腰子"。手上拿着一朵藏红花。大腿一般晒不到太阳，所以非常白，就和牛奶一样。山药细细长长、一段一段的，和小腿很像。脚要穿鞋子，鞋子大部分都有鞋带，鞋带可以联系到海带。

怎么样，"今天吃什么"这个世纪难题终于解决了吧！

2. 健脑运动

光吃可不行，运动也是非常重要的，但是练脑子和练肌肉不一样，究竟应该怎么运动呢？

（1）呼吸法

有节奏的呼吸，特别是屏气，可以有效地集中注意力。下面，我们来学习一下简单易行的呼吸法。

能量呼吸法：这时候需要在一个安静的地方，头南脚北躺下。脸朝上，双脚自然并拢，两手放在体侧，贴近大腿，掌心向上。深呼吸，随着吸气，想象充满生机的金色太阳能量从自己的头顶穿入，温暖地流遍全身，从脚跟流出去，这金色的能量是积极的能量；随着呼气，想象凉爽的蓝色月亮从自己的脚跟吸入，传遍全身，又从头顶流出，这蓝色的能量是消极的能量。就这样，吸入金色能量，呼出蓝色能量，练习15分钟。想象这些能量像电流一样传遍全身各部，金色能从头流到脚，蓝色能从脚流到头。努力使呼吸、想象以及把这种能量的感觉协调起来，努力去体会那种明显充了电似的感觉。

催眠呼吸法：通过自我催眠的方式来放松大脑，使得大脑达到最佳状态。闭上眼睛，坐直或者躺下，保持均匀呼吸。想象自己正在一部观光电梯中，电梯不断下降，一层一层地下降，你看到外面阳光非常地明媚。电梯每下到一层，颜色都是不一样的，一开始是蓝色的，然后是绿色的，然后是黄色的，最后是白色的。你走下电梯，外面是美丽的海滩，你躺在海滩上面静静地享受阳光，感觉越来越放松，越来越放松……

在整个过程中心跳会变慢，体温会下降，所以有必要提前确认周围温度。结合丹田呼吸来做最好！

丹田呼吸法：此方法在"快速阅读"这一章节专门讲述过。需要注意的是：丹田呼吸不仅仅在快速阅读的时候可以用，平时也可以经常训练，用来调节大脑。

（2）按摩法

中医的传统观点认为，人体内存在着负责向各部器官供给能量的"经络"，并把其中的关键要害部位叫作"经穴"。用指压、按摩、针灸等来刺激经穴，可以改善大脑功能，增进记忆能力。

按摩太阳穴：《水浒》中鲁智深三拳打死"镇关西"，打的就是太阳穴，可以说太阳穴是我们的要害之穴。

很多人会有这样的经历：长时间连续工作或学习后，太阳穴会出现疼痛或重压的感觉。这个时候多多按摩太阳穴，可以使我们的大脑迅速恢复状态，提神醒脑。

我们需要先找到太阳穴的准确位置。可以先用拇指按住眉毛到耳朵之间最凹陷的地方，前后左右移动移动，试探着按压，有疼痛感觉的地方就是太阳穴。

按摩太阳穴时，我们需要脊梁挺直，臀部微突，按照前面我们学习的做两次丹田呼吸。然后以两手拇指分别按住两侧太阳穴，用稍强的力量按压，向前转十圈，再向后转十圈。在按摩的时候尽量保持专注，心无旁骛。当太阳穴微感疼痛后，大脑神经立即采取防御措施，使神经系统、循环系统、激素、活性酶等发生连锁反应，从而激活处于迟滞状态的身体节律，产生头脑清醒、精神焕发的感觉。

鸣天鼓：这是一种非常著名的健脑操，用两手掌分别紧按在左右耳孔上，手指搭在后脑勺上，以两手的食指、中指、无名指轻轻叩击头枕骨，就是后脑勺的小脑部，连续叩击十五次。再将两掌心压按两耳孔，手指紧按后脑枕部不动，两掌心施加压力，然后猛然抬离，接连开闭放响十五次。最后用两手食指同时插入左右耳孔内，转动三次，骤然拔开，连做五次。"天鼓"一鸣，头脑清醒，不但能够增强记忆，还有强化听力、预防耳病等作用。

梳发健脑法：最简单的健脑方式莫过于梳发健脑了！大脑表皮的下面密布着枝枝权权的毛细血管，如果经常给以适当的摩擦刺激，可以清脑提神，消除疲劳，促使大脑处于最佳状态。苏东坡曾经说过"梳头百余下，散发卧，熟寝至天明"。梳发的方法是，以十根指尖接触头皮，然后从额头到枕部（头的后部），从颞部（太阳穴附近）到头顶进行梳理，每次做十五下，也可适当增多，以头部有发热感为适宜。

（3）手指操

正所谓"心灵手巧"，我们的手和大脑也是互相影响的，锻炼双手的同时也可以锻炼大脑，让大脑变得更加聪明。

球转法：两手做抱球状，以右手大拇指与左手食指相碰，再以右手食指与左手中指相碰，同时，右手大拇指与左手食相离；如此，以右手无名指对左手小拇指，以右手小拇指对左手大拇指，后一对手相碰后，前一对相离。连续做五分钟，熟练后速度逐渐加快。

敲打法：伸出两手食指，准备在办公桌、课桌或饭桌上敲打。先右手食指敲一下，左手食指敲两下，尽量不要搞错，连续敲三分钟。再改为左手食指敲两下，右手食指敲一下，连续敲三分钟。熟练后速度逐渐加快。

异画法：这就是我们在《神雕侠侣》里面看过的左手画圆右手画方，也是一种非常好的锻炼左右脑协调能力的方式，用笔或者手指画都行。

二、备考宝典

无论是学习还是其他事情,能力只是一方面,状态如何有时候更加重要。下面就来谈一谈如何在备考时保持一个好的状态。

1. 时间如何分配

员工效率监测公司 DeskTime 通过大数据分析研究出了一个规律:最有效率的员工通常连续工作 52 分钟,然后离开电脑休息 17 分钟。DeskTime 还发现了精英员工的固定规律。"我们的用户当中,最有效率的 10% 员工能够在相对短的时间内完成最多的工作,原因就在于他们把工作时间当作短跑冲刺。"根据 DeskTime 的研究结果,工作就像短跑,先冲刺后休息。这是一个值得试验的做法,比如有人就会在工作一段时间后认真休息,或是做运动,或是静坐,或是看新闻。然后重新投入下一个小时的工作。当然,每个人都有自己的规律,可以尝试自行总结。

工作和学习一样,我们学习时也完全可以找到自己适应的节奏,劳逸结合。记住,要利用学习的每一分钟,而不是利用每一分钟学习。

2. 大脑的保养

一辆汽车，驾驶员掌握精湛的技术固然重要，但是汽车也不能一直超负荷运转，也需要到 4S 店里面去进行保养。我们的大脑比起汽车当然精密得多，其保养工作也不容忽视。

（1）三餐的分配

不加油，再好的汽车也无法上路，一日三餐则是大脑的燃料，对大脑的良好运转极其重要。

1）一般人的三餐分配

有这么一句顺口溜流传很广："早上吃好，中午吃饱，晚上吃少。"这句顺口溜非常准确地概括了我们一日三餐的吃法。

2）高度用脑者的三餐分配

对于高度用脑者，比如要参加升学考试的学生（可能除了政策倾斜地区，大部分进入中学的学生就可以算高度用脑者了）、赶进度的工程师、设计师等，一日三餐的分配又需要特别讨论。

以我本人为例，我自我感觉在高三算是比较轻松的，早上要求 6:20 到校，我基本就是 6:19 到。晚上 10:00 左右下晚自习，我基本 11 点就睡了。中午还会睡 100 分钟。我当时基本每一顿都是荤菜，饭量也非常大，每一顿要吃掉 5~7 两饭，晚上回家还要吃夜宵。在这种情况下，我从 4 月中旬体检到 6 月初测体重，短短一个多月，就下降了 19 斤！可以设想，很多同学为了考试晚睡早起，不眠不休，其消耗有多大。前面也说了我 2008 年备战脑力世锦赛的情况，也是自己没有感觉，但是体重下降非常快。

其实脑力劳动能量的损耗是非常大的。所以，这时候需要我们自己主动增加营养。我们完全可以突破大多数人一日三餐的配比，尤其是睡得晚的，晚上完全可以吃好一点、吃饱一点，因为晚上的脑力劳动会消耗你所摄入的能量。而且，这个时候绝对不用担心发胖的问题。

（2）没有教养？是保养

我们的人体非常奇妙，有着高度智能的自我调节系统。很多不经意的小动作，如打哈欠、伸懒腰、挠头，其实都是一种自我调节。而公然在大庭广众做这三个动作是不雅的，因为打哈欠是不耐烦听对方讲话的表示，伸懒腰、挠头则给人懒懒散散的印象，但事实上这些都是大脑的自我调节。

1）打哈欠

如果大家留意打哈欠的动作，其实就是一个短时间内强行吸入大量氧气的动作。而我们都知道，充足的氧气供应对大脑的良好运作非常重要。有时候骂人会说："你大脑缺氧吧？"其实也暗含了一些科学道理。

2）伸懒腰

伸懒腰则是全身的身体肌肉、骨骼的一次大放松，可以缓解人们在长期用脑过程中积累的压力、紧张。

3）挠头

挠头这个动作更是大有讲究。我们知道头部有非常多的穴位，在挠头的时候，很多穴位都会被刺激。有研究表明，刺激头顶至额前的部位，对于激发思考力，克服大脑疲劳最为有利；刺激后脑，可使感觉灵敏，促进知觉；刺激右脑，激发想象力；刺激左脑，激发逻辑思维；刺激偏头部位，有利于回忆起最近的事情；刺激整个头部，则有利于回忆起遥远的事情。当然，我认为我们并没有必要那么仔细去区分，挠头时不妨多挠一会儿，多去刺激一些部位。

（3）对它们说不！

有好的习惯，当然也有不好的习惯。大脑十分"娇贵"，因而我们应该坚决对这些坏习惯说不！

1）烟酒

即使对于普通人，烟酒也是十分不利于身体的。香烟当中的尼古丁，各种酒类当中的酒精对人体都是有百害而无一利。

2）晚睡

如今随着手机、电脑、平板等个人化电子产品的普及，睡眠的噩梦来临了，不同于电视过了黄金时段就"没什么好看的"，这些产品可以做到看什么、玩什么、什么时候看、什么时间玩，完全由你自己掌控。睡觉前刷刷朋友圈和微博、水一水百度贴吧已是大家的常态。如果时间控制不好，很容易就会过了11点、12点才睡。这样的作息对大脑的状态恢复非常不利，大家可能也经常听说某民企、某四大会计师事务所年轻员工"过劳死"的新闻，这些新闻当中一般都有当事人连续几天不睡、晚睡的情节。

3）不吃早饭

由于早上大家都比较匆忙，赶着去上学、上班，很多人早饭不吃或者应付了事，这其实对大脑非常有害。英国《每日快报》发表记者署名文章，题目是《早餐有利于大脑》。据报道，斯旺西大学的心理学博士戴维·本顿发现，吃完早餐两小时之后参加很难的考试的大学生比那些空着肚子的学生要考得好。本顿在伦敦举行的英国心理协会的一次会议上说："他们的记忆在快到中午的时候更好，血糖越高记忆力越好。"本顿博士提醒学生不吃早餐就去上学将产生不利影响，而现在可能有25%~30%的人有这种不良习惯。

3. 人体生物节律

通过保证营养、健脑锻炼让大脑进入最佳状态之后，我们还需要根据大脑的"脾气"来开动它。

大脑有自己的节律，有特定的高潮阶段，如果配合高潮期用脑，可以取得事半功倍的效果。

第一个高潮期是早晨起床后：大脑在睡眠过程中并没有停止工作，而是在对头一天输入的信息进行编码整理。早晨醒后因为没有新的信息干扰，这时记东西会印象清晰。

第二个高潮期是在上午 8 点到 10 点：这时精力上升到旺盛期，处理识记任务效率高，记忆量增大。

第三个高潮期是在下午 6 点到晚上 8 点：这是一天中的记忆最佳期。

第四个高潮期是临睡前 1 小时左右：这时识记材料后就入睡，不再有新信息输入，所以没有相互抑制的影响。

另外研究者还发现上午 8 点大脑具有严谨周密的思考能力，下午 2 点思考能力最敏捷，但推理能力则在白天 12 小时内递减。根据这些测试，我们在早晨最好安排些严谨周密的学习和工作，下午做一些需要快速完成的学习和工作，晚上则做些需要加深记忆的学习和工作。

三、钥匙又不见了——日常记忆

即便是学生党,也不是天天活在考试之中,生活中的记忆力才是与我们关系更加紧密的。通过前文的学习,我们已经掌握了经典的记忆方法,那么这些方法在日常生活中又应该怎么使用呢?

1. 记忆钥匙的自我修养

记忆大师全世界也没有多少,但是"遗忘大师"倒是一大堆。出门忘带钥匙,然后打电话让人来开门的事情相信很多人都干过。这倒也没什么,每个人都有失误的时候。但是如果手机也忘带,然后家人的号码也记不得,那估计真是要悲剧了。

这种"健忘症"是如此"亲民",以至于像韩寒这样公认的聪明人也会犯。在《鲁豫有约》中,韩寒说:"我因为老是丢三落四,丢了很多东西,所以每次出门就念咒语:手机、眼镜、钱包、车钥匙,把身上都掏一遍,才敢出门。因为发明了这个咒语,我就好多了,没再掉很多东西了。"那么,难道我们都需要这样神神道道地念咒语才能够出门吗?难道,我们要一遍遍回去开门取东西吗?

2. 妈妈再也不用担心我丢三落四了

我们应该怎么样记忆才可以避免这样的事情呢？可以说，要解决这个问题，我们需要培养一个好的习惯，但是习惯的养成非一日之功，有没有什么技术手段可以解决呢？其实，非常简单。假设明天需要带的东西有身份证、手机、牛津词典、火车票、背包，我们可以运用锁链法、导演法、路线法记住这种物品，这个难度比记忆数字小很多（当时记了多少个词语？绝对不止 5 个吧）。接下来的一步是我们的重点，我们需要找我们起床之后或者出门之前一定会看到的某一件物品，用它和这 5 件物品其中一件进行联系（因为前面用记忆法已经把这 5 件物品牢牢联系在一块了，所以只要你想起一件，其他 4 件也自然会想起来）。比如，我们选择床头的闹钟和身份证相连，可以想象："闹钟现在也变得智能化了，必须刷我们的身份证确认身份才能停下来，如此丧心病狂的闹钟保证了我们一定会起床。"这样，我们就可以确保我们想起身份证，然后剩余的 4 件物品通过下面的方法自然会想起来。

这里，我们以导演法为例："身份证以后越来越智能化，虽然很薄，其实是一种特制的手机，可以当作一个移动智能终端使用，里面安装了牛津词典，这样我们在国外旅游买火车票就不用担心不认识单词了，火车票丢了就没法上车了，所以一定要放在背包里面收好。"

不仅仅是出门要带的东西，像购物清单、借阅书目、每日任务这样的信息都可以用这种方法来进行记忆。

3. 你叫什么来着

看到人叫不出名字也让很多人头疼，尤其是在社交场合非常尴尬，会让人感觉你不重视他。许多人是有苦说不出：我也不想啊，可是我真是记不住人名啊，怎么办呢？

我在《芝麻开门》《谁是我家人》《越战越勇》等节目上面都表演过现场速记人名，那么短的时间，面对完全陌生的人，听一遍就记了下来。我并没有什么特异功能，只是运用了前面我们所学习的方法。

这种方法属于锁链法的一种。我们在看到对方之后需要迅速找出对方最明显的面貌特征，然后与其姓名进行联系。当然，名字都是父母精心想出来的，表达的意蕴也比较深刻，不可能像"香烟、恶霸、蜈蚣"这么形象，所以名字一般需要通过谐音、分解等方式进行编码。

（1）记忆人名的具体步骤

在记忆人名的时候依旧可以采用"郑公式"，分步骤进行记忆。

1）编码

在这里，我们需要有两步：外貌编码和姓名编码。通常来说是先进行外貌编码，后进行姓名编码。

一般来说，在社交场合，得等大家坐定之后才会开始互相介绍，所以要抓紧这个时间先观察大家的外貌特征，看看有什么地方让你印象特别深刻。找到外貌特征就可以轻松分辨成千上万个"张伟""王强"了，否则这种常见名字虽好记却易混淆。需要注意的是，看外貌最主要的是总体感觉。我在比赛中打破了人名头像的亚洲纪录，成绩仅次于德国的 Simon 和 Boris，改变了亚洲选手进不了前十的局面。我主要依靠整体感觉而不是部位编码。不过，在这里需要声明的一个很多脑力培训者都不敢说的真相是：数字记忆与天赋无关，而人名头像记忆与天赋关系很大，记忆人名的方法不可任性。这也是为什么《最强大脑》中魏教授说脸盲是天生的。

为什么要说这些，难道是为了炫耀我的天赋？当然不是，说明这一点才能够让你迅速找到最适合的方法。如果你发现自己很快能够凭总体感觉记住名字，那么恭喜你，你是天赋异禀的，应该好好珍惜，并且坚定采用这一方法。如果你觉得个别部位编码的方式对你来说是最快的，那么很显然你应该选择这条看起来更加"靠谱"的线路。不要管别人说什么，因为大多数人只会从自己的思维去思考，经验之谈如果不加以理性分析是不可信的！

姓名编码相对来说比较简单。不同场合，获取信息的方法也大不相同。最"简单粗暴"的就是在比赛现场，直接看名字进行编码。而在生活当中，情况则比较复杂。一般来说，大家要互相介绍或者由中间人介绍。这个时候就应该赶紧使用寻根究底法，看看他的名字有什么"玄机"。并且，很多人还有交换名片的习惯，那么更加应该趁此机会攀谈一番大家的籍贯、职业等等，了解各方面背景，为联想记忆提供更多的思路。另外，在交谈的过程中应该尽量说出对方的名字，这样可以增强大脑中的印象，为后面的编码提供多种思路。

2）联系

根据前面获得外貌特征和姓名信息的编码，把它们牢牢地联系在一起，达到看到人就能够条件反射般想起姓名的程度。

3）回忆并解码

回忆对方的名字，并且抓紧一切机会通过交谈、心中默念等方式复习对方的名字，加深在大脑中的印象。

（2）外貌特征怎么找？

外貌的总体感觉一是靠你的第一印象，每个人的第一印象都会不一样，这里不方便讲得非常细致；二是靠各个部位合起来的总体感觉，各部位可以单独编码帮助我们记忆，所以在这里主要讨论部位特征。

1）五官

五官部位	特点 1	特点 2	特点 3
眉毛	浓 / 淡	上挑 / 下压 / 平	是否高低眉
睫毛	长 / 短	直 / 翘	密 / 稀
眼睛	黑 / 绿 / 蓝……	大 / 小	双眼皮 / 单眼皮
鼻子	挺 / 塌	大 / 小	直 / 勾
耳朵	有耳垂 / 无耳垂	大 / 小	有耳眼 / 无耳眼
嘴唇	薄 / 厚	上唇更厚 / 下唇更厚	唇色深 / 唇色浅
牙齿	整齐 / 不整齐	大 / 小	白 / 黄 / 色素牙

一般情况下，人与人之间的五官差别非常大。上面是我简单整理的一份表格，实际情况比这要复杂得多，大家可以以表格中列的项目为基本线索，进行更加仔细的观察。

2）头发

如果是男生，头发一般来说比较简单：主要是看发型，是寸头还是分头，是偏分还是中分。

女生的情况就比较复杂：首先要看发色，是原始的黑色，还是白色、红色、金色、栗色、棕色……

另外，女生的发型就更加复杂：短发、长发披肩、长发及腰、羊角辫、马尾辫、朝天辫……这些只能应付高中以下群体。20岁以上女生的发型可以专门写一本书，我就不在这里讨论了。

3）衣服

衣服是会变的，按理说不应该作为特征，因为下次那个人不太可能还是那件衣服。但是，在紧急情况下使用这样的方法是非常有效的。比如在聚会上面，大家互相介绍之后，可能会有一些互相的交流，这个时候如果你能够流利地说出对方的名字，对方会感觉备受重视。而你究竟是根据他的面貌还是根据衣服记忆的，对方不会知道。并且，用衣服记忆下名字之后，在剩下的时间里面，也可以再去观察他们的外貌特征进行二次记忆。

用衣服记忆的好处就是在现代社会，人们都非常讲究穿着，避免"撞衫"，所以相对来说更加容易找到特征。

4）配饰

与衣服类似，项链、手镯、耳环、戒指、手表等等都是比较容易抓住特征的，可以帮助我们完成记忆。

（3）名字可以怎么联想

对于知识比较丰富的人来说，外国人名很好记，因为他们的名字总共就那些，然而，中国人的名字就比较"讨厌"了，几万个汉字，任意一个或者两个都可以用来做人名（现在还有一些三个字的）。如果没有一点方法，见到一些奇奇怪怪的人名还真是有点发怵。"不幸"的是，随着国民素质的提高，女生叫什么花、丽、娟，男生叫什么强、伟、军这种现象是越来越少了，不少人的名字甚至第一次见到都不知道怎么读，瞬间感觉自己变成文盲，更别提记下来了。

所谓"凡事预则立不预则废"，提前想好怎么应对才能与新老朋友们"谈笑风生"。

1）寻根问底

一般来说名字都是长辈经过深思熟虑之后取的，有很深的寓意。所以，不妨问一问，一方面可以增加记忆的印象和时间，另一方面对方也会觉得你很重视他，能促进交往。

2）胡思乱想

很多时候，我们需要快速记忆人名，那么就必须赋予这个名字一个意义。比如，我有一个学生叫作刘镇。这个名字看起来好像没有什么特别的，但是我们反过来读就可以谐音为"真牛"。

对于不了解含义的外国人名更是如此，比如我们前面说过的列宁的全名：弗拉基米尔·伊里奇·乌里扬诺夫。可以这样想象："腹（弗）部不舒服，拉出了鸡头米儿（基米尔），一粒一粒捡起来（伊里奇），让屋里养（乌里扬）马的懦夫（诺夫）吃下去（这都吃，果然是懦夫）。"

3）套近乎

这里说的"套近乎"是指把新朋友的名字和老朋友的名字联系在一起进行记忆。比如我有一个学生叫作杜亚兰，看到这个名字我就会想起我有一个大学同学叫作王亚兰。还有一个学生叫作赵佳慧，那么也很容易联想到歌手彭佳慧。这种方法用起来省心省力，但是也得看运气，有时候你找不到像的名字，那就只能采用其他的方法了。

（4）跟着才干练一练

方法都讲完了，下面我们用 9 张脸孔来简单地练习一下。

李朝艺　　　　关海东　　　　周紫卉

孟晓雪　　　苏志浩　　　解居尚

王水波　　　于佳迪　　　张潇予

下面是我给出的参考记忆方法：

李朝艺：在我看来，他单眼皮、眼睛小小的，但是脸上比较有棱角，有点像韩国明星 Rain。而韩国的李氏王朝很出名，其民族其实就是朝鲜族。此外，Rain 作为歌星和演员，算是一位艺术家。这样，我们就可以想起来他的名字是李朝艺。

关海东：首先单从整体面部看，关海东和《爱情公寓》里的关谷神奇有点像，正好都有"关"字。而且关谷神奇是日本人，而日本军人里最著名的就是关东军。另外，关海东衣服上面的图案，看起来像一片海，里面还有鱼在游泳，所以就能联想到"关海东"这个名字了。

周紫卉：对于如何记忆这个名字，周紫卉自己说："也许农村比较相信贱命好养，我就华丽丽地跟着路旁最最卑微的紫色小野花，有了现在的名字。"

孟晓雪：我们看到她留了齐刘海，蒙（孟）住了额头。而身上的衣服有很多白色的点缀和小雪（晓雪）一样。

苏志浩：一般长头发的男生会给人一种"小混混"的感觉，这与他的名字"素质好"（苏志浩）形成了强烈对比，也令人印象深刻。

解居尚：她的头发是斜着往一边放的，"斜"与"解"谐音。她还戴了一顶很有意思的帽子，帽檐上面的字母若隐若现，让我们很想举起它看看上面有什么，"举"和"居"谐音，"上"和"尚"同音，合在一起就是解居尚。

王水波：他的衣服上有很多弯曲的线条，"弯"与"王"谐音。他脸上有颗痘痘，我们都知道水痘，所以他的第二字"水"就记住了。另外我们看他头发造型有点波浪的感觉，与第三个字对应。这样他的全名王水波就记住了。

于佳迪：这里我们用一个特别的方法，她面前有两杯水，可以想象里面各有一条鱼（于），鱼快要被吃掉了，就夹（佳）攻敌（迪）人。

张潇予：我们看到她衣服的肩膀处颜色不一样，可以想象是为了安装翅膀，张开翅膀飞翔。她脸上有酒窝，可以想象本来没有，因为有一次下了很重的小雨（潇予），砸出来的，合起来就是张潇予。

（5）毛泽东的人名记忆法

领袖们都要接触很多很多人，在政治场合如果把对方名字搞错，影响肯定非常不好。所以他们都有独家的速记方法。下面请大家看毛泽东的几个小故事，相信会有不少启发。

1959年7月，毛泽东在江西庐山与林佳楣（李先念的夫人）、水静（时任江西省委第一书记杨尚奎的夫人）和余叔（时任安徽省委第一书记曾希圣的夫人）交谈时，得知三人关系特别密切后，就笑着问道："你们三人这么好，知道是什么原因吗？"见三人谁也回答不上来，毛泽东接着说："因为你是水（指水静），你是鱼（指余叔），鱼当然要和水在一起。你这个林（指林佳楣）呢，是两棵树，树离了水就会枯黄。所以嘛，你们就分不开了。"

1959年9月8日晚上，毛泽东来到刚建成的人民大会堂上海厅，听取万里的汇报。当听到万里说只用了10多个月就完成了比故宫总面积还大的人民大会堂工程后，毛泽东风趣地说："你是万里嘛，施工进度当然快喽！"

1962年，在中南海举办的一次周末晚会上，毛泽东问身边一位女同志的名字。那位女同志说她叫崔英。毛泽东听后风趣地问："那么你的爱人可能是姓张了？"

见崔英被问得茫然不知所措，毛泽东又问："你读过《西厢记》吗？"一听这话，崔英才恍然大悟，明白了毛泽东说她的爱人可能姓张的原因。因为《西厢记》写的是崔莺莺与张生的爱情故事，"英"和"莺"音同字不同。于是，崔英笑了，毛泽东也笑了。

平易近人的毛泽东，喜欢同身边的工作人员开玩笑。有一次，在说到护士长吴旭君时，毛泽东风趣地说："吴旭君（'无细菌'）这名字好，她是搞医务工作的，讲究卫生，没有细菌，这样就可以不生病嘛。"还有一次，毛泽东去外地视察，在火车上与服务员小王聊了起来。毛泽东说："小王，你知道吗？我们两人是亲戚哩！"小王一愣，忙说："主席，您在说笑话，您是湖南人，我是陕西人，我们怎么是亲戚？"毛泽东笑着解释道："你看，我姓毛，你姓王，写我这个'毛'字，得先把你的'王'字完成，然后，从下面出来一拐弯，才能写成这个'毛'。先有'王'，后有'毛'，我们不是亲戚吗？"小王一听乐了，毛泽东自己也乐了。

4. 怎么记忆电话号码、身份证号、银行账号……

在现代社会，和人名一样重要甚至更加重要的信息就是电话号码，有什么事情大家都是电话联系。以前很多人会用一个小本本来记录电话号码，并且记下几个比较重要的。而现在随着智能手机的普及，基本上没有人去记忆电话号码了，有的人甚至连自己的手机号码都记不住。

其实手机号码不过也是一种数字罢了，我们在前面早就学过数字的记忆方法，要记忆电话号码并不难。我曾经在节目中表演过现场速记号码，让观众很震惊。这里，我就揭秘速记号码的方法。

首先，我们要分析一下电话号码，国内的手机号码一般都是1开头，所以其实我们只需要记忆10位数字。10位数就是5个数字编码而已，只要把它们和名字连接记忆即可。如下面两个手机号码：

黄保军 13646382255　山鹿 饲料 妇女 双胞胎 火车

穿着黄衣的保卫军骑着山鹿在派发饲料，一位妇女抱着一对双胞胎想去拿饲料，这时一辆火车从中间穿过，挡住了她的去路。

乔竹 15038185545　武林盟主 妇女 腰包 火车 师傅

小乔拿着竹子大战武林盟主，这时一个妇女跑出来相助，只见她丢出一个腰包，腰包里跑出一个发着类似火车呜呜声的师傅，三人合力把武林盟主打得屁滚尿流。

这里我们发现，只要把名字稍微转化一下（比如"黄保军"变成"黄色的保卫军"），然后和数字编码结合在一起变成一个生动形象的故事，手机号就记牢了。

同样，记身份证号、银行账号的方法也是完全一样的（不要忘了，身份证的前面12位都是有规律的，不需要记忆，而银行卡的前面几位也是有特定含义的，千万不要死记硬背），大家可以试一试。

附录 1　记忆大师简版训练指南

通过本书，学了那么多的方法，但只是万里长征的第一步，任何方法都需要通过适量的训练来熟练。如果训练方法和练习量不对，难免会南辕北辙。下面提供一个简版的训练指南，以供参考。

一、记忆

记忆训练方法本书中讲了很多，这里进行一下整合。

（一）实用型

以提高实用记忆力（如记忆课文、人名、单词……）为目的的训练，如果某些项目你不需要，可以不练习。

1. 数字

（1）运用数字表（见附录 2）进行 1000 个数字的读数训练（即看到数字就想到编码），至少 14 天。

（2）进行每天 40 个数字的记忆训练（此项可以代替第 1 项），至少 14 天。

（3）运用电话号码等进行自由数字编码训练（自己创造编码，因为这样记忆效果很好），至少 14 天。

2. 中文

每天记忆 50~500 字的文章段落，至少 21 天。

3. 英文

每天记忆 50~500 个单词，至少 14 天。

4. 中高考、司考、注会等考试里的选择题、简答题……
每天记忆 5~50 道题，至少 14 天。

（二）竞技型

世界脑力锦标赛共有 10 个项目：抽象图形、人名头像、随机词汇、历史年代、一小时数字、快速数字、一小时扑克牌、快速扑克、二进制数字、听记数字。后面的 6 个都是数字项目，历史年代算半个数字项目，所以，练好数字就可以称霸赛场。

二、思维导图

每天画至少 1 张思维导图，至少连续 100 张。

三、速读

（一）按照书中的训练顺序进行训练，持续至少 14 天。

（二）记得默写、默写、默写，重要的事情说三遍。

四、速算（不拘泥于大数相乘，读者可以自行进行其他速算学习与训练）

每天 5 题训练，至少 21 天。

限于篇幅，还有很多锻炼方式没有写出来或详细展开。不过，凡事无须贪多，只要静下心来钻研一个就会有不可思议的效果。

在训练、学习中的心得体会可以通过我的微博（"最强大脑郑才千"）与我交流。

附录 2　数字表

```
6 9 7 1 5 5 4 9 6 8 5 1 9 3 6 7 4 4 2 3 8 3 0 8 3 5 2 0 5 8 0 3 9 0 5 4 0 2 8 0    1
1 0 2 2 1 0 1 8 8 8 1 7 0 9 2 1 0 0 9 7 3 8 2 1 1 9 2 2 5 3 6 6 1 3 0 1 1 5 1 5    2
0 5 0 9 6 6 2 4 0 0 7 9 0 0 7 4 0 4 5 7 7 9 6 5 1 3 1 6 6 2 1 3 6 4 6 4 8 7 0 5    3
1 9 3 2 2 6 0 2 7 3 6 8 5 8 1 3 9 1 0 0 1 7 2 9 0 4 7 0 5 2 3 3 6 3 0 8 4 5 3 2    4
3 5 9 2 1 1 5 0 5 2 4 8 4 2 1 5 2 4 3 6 4 2 3 0 0 3 4 6 2 8 1 3 4 4 2 3 5 9 7 8    5
0 7 1 7 6 1 7 3 1 1 1 4 2 5 5 4 1 0 4 9 4 7 6 2 0 6 1 5 4 9 9 8 5 8 7 9 1 4 3 9    6
8 8 4 1 9 1 0 3 9 2 0 5 3 3 0 2 5 3 2 2 5 5 5 8 7 9 7 1 0 9 2 7 7 7 7 6 3 5 9 3    7
8 2 4 6 9 5 1 0 4 0 9 1 9 4 1 8 7 4 5 7 7 4 4 8 6 2 9 8 8 6 5 9 1 4 8 1 4 5 4 8    8
7 5 5 9 1 6 3 9 3 6 5 0 5 4 3 3 5 4 5 3 3 3 3 2 0 3 8 7 6 1 7 4 2 5 5 0 0 1 1 5    9
2 4 0 1 9 4 8 8 8 5 3 7 8 9 9 1 2 3 7 7 2 1 7 7 5 7 4 3 7 3 2 9 6 4 6 8 0 1 6 9    10
0 0 4 9 3 6 2 2 9 7 1 0 4 5 4 1 2 4 4 0 5 1 2 4 9 5 7 3 0 0 5 9 0 3 5 9 1 0 5 4    11
0 4 0 3 0 7 7 5 0 5 3 6 6 5 1 1 0 2 8 3 8 7 7 9 9 7 9 0 0 5 5 7 6 9 7 5 2 7 1 6    12
0 0 2 2 1 8 6 2 6 5 9 9 8 2 7 1 8 4 2 9 1 7 8 5 1 8 8 1 8 1 4 4 6 4 2 1 6 8 3 4    13
0 6 8 2 1 3 9 0 1 2 5 4 1 0 8 0 6 2 1 2 2 0 1 6 6 9 1 5 0 0 7 3 0 0 7 2 2 6 0 4    14
4 0 9 0 0 3 9 9 1 0 6 6 5 9 6 9 4 0 4 1 2 0 7 0 1 5 3 5 6 0 6 6 1 4 1 9 9 1 4 5    15
6 5 6 4 3 0 4 8 3 5 7 4 2 7 7 7 4 8 1 3 4 7 7 3 3 7 5 3 2 2 9 6 2 2 7 4 8 0 3 9    16
5 2 0 5 1 0 7 7 7 1 9 9 2 0 5 4 1 3 3 6 7 9 4 8 6 3 0 0 0 9 0 5 4 8 3 6 2 7 2 5    17
9 9 2 2 7 7 3 2 9 2 1 1 2 5 6 9 9 9 8 7 4 1 2 3 9 7 8 8 7 2 3 9 0 4 9 1 5 0 9 1    18
4 4 7 6 9 0 1 8 9 0 3 6 9 3 0 8 0 5 0 2 5 3 4 3 4 7 0 9 6 5 9 4 9 3 5 9 9 6 9 2    19
8 5 3 2 5 9 9 1 4 1 5 6 6 0 1 4 5 4 2 5 8 2 4 1 5 7 2 6 6 6 3 1 4 3 6 3 4 7 5 6    20
6 8 9 9 1 5 4 0 0 9 1 5 6 0 4 3 6 5 4 0 6 0 4 4 5 4 4 6 1 6 0 7 4 8 4 0 7 4 9 1    21
6 8 5 2 6 0 7 9 8 0 2 8 1 2 0 0 8 3 8 4 2 4 1 6 0 9 6 2 0 8 5 2 9 3 7 9 9 8 5 7    22
6 3 8 6 5 7 9 3 8 2 2 8 0 7 6 6 3 1 8 5 8 1 2 7 8 2 4 9 4 3 1 5 8 2 8 1 7 8 8 9    23
5 2 7 7 2 5 6 6 3 0 8 1 0 2 3 4 3 7 3 5 6 6 4 8 8 6 9 9 5 3 7 0 1 4 5 0 4 1 0 1    24
6 5 4 0 0 5 3 5 0 3 3 8 4 0 7 4 8 5 8 7 1 2 7 3 6 3 0 5 0 9 9 5 0 9 7 2 6 1 2 6    25
```

附录 3　复合字母编码表（部分）

ar：爱人，矮人	are：是
arch：拱门	ant：蚂蚁，安踏
au：哎哟	
b：勺子，笔，币，臂	ba：爸，八，拔，靶，霸
bage：八哥	bai：白，百，败
be：是，杯，背	ben：笨，本子
bene：笨鹅	ber：靶儿，白耳
bi：币，笔，臂，鼻	bili：比例，臂力
bla：病啦，不辣	ble：病了，伯乐，爆了，不了
bo：波，啵，伯，剥，60	br：别人，病人，不热，白人
bre：不热，变热	bu：不，布，捕
bur：不热，不然，不如，步入	bud：不断，部队，补丁，蓓蕾
bun：不能，补脑，捕鸟	
c：月亮，刺，吃，吹，瓷	ca：擦
cal：擦脸，擦泪，类似call	ce：测试，厕
ch：吃，穿，彩虹，菜花	cha：插，茶，叉
che：车，扯，撤	chan：缠，铲，颤
chu：出，除，厨	ci：瓷，刺，雌
ck：刺客，残酷，拆开，惭愧	cli：城里，吃力，创立，处理
clude：粗鲁的，出炉的	con：葱，聪，看，啃
cs：游戏cs，厕所，超市，出生	ct：餐厅，医院拍CT，春天
cr：超人，仇人，吃肉，残忍	cu：粗，醋
cui：催，脆，啐	cy：草原，抽烟，苍蝇，菜肴
cou：凑，臭，丑	
d：大肚子，地，弟弟，打	da：打，大，搭
dag：大哥，打嗝，打工	dai：带，戴，呆，袋
dam：大米，大门，大妈	dan：蛋，担，弹

dant：单挑，丹田，弹头	de：的，德，得
dent：等他，登塔	di：地，弟弟，滴，底
ding：钉，顶，腚，鼎	dir：敌人，滴入
dis：地上，低声，的士，笛声	do：嘟嘟声，读，做
dou：都，豆，痘，斗	dr：大人，敌人，达人，打扰
du：赌，毒，渡，堵	dy：电影，党员，队员，队友
e：鹅，恶，饿	ef：恶妇，二分
el：二流，二楼，恶狼	ele：饿了
em：噩梦，峨眉，恶魔，耳麦	en：嗯，摁，english 简称
ep：耳畔，耳旁，恶癖，鹅皮	er：儿，耳，二
es：饿死，耳塞，耳屎	est：饿死他
et：儿童，额头，恶徒，外星人	ex：恶心，儿媳，恶习，一休
ey：鳄鱼，恶意，二月	
f：拐杖，发，筏，罚	fa：发，罚，筏
fad：发抖，发达，法德，发呆	fe：飞，粉，风，肥鹅
fl：福利，肥料，疯了，飞了	fo：佛，否
fr：夫人，发热，飞人，芙蓉	fru：飞入，腐乳，翻入
ft：沸腾，斧头，丰田，法庭	fu：福，富，符，父
fy：翻译，费用，浮云，风雨	
g：豆芽，哥哥，鸽，割	gai：钙，该，盖，改
gan：干，甘蔗，敢，肝	ge：哥，割，鸽
gen：根，跟	gh：干活，光环，更好，工行
ght：桂花糖，规划图	gl：过来，公里，干粮，给力
gli：给力，格力，隔离	go：狗，go-去
gu：谷，姑，鼓，骨	gua：瓜，挂，刮
gui：贵，鬼，龟，跪	gum：古墓，姑妈，股民
gy：公寓，关羽，官员，勾引	
h：椅子，喝，河，花	ha：哈，蛤
ho：红，猴，吼，哄	hou：猴，吼，厚
hu：虎，湖，狐，葫芦，胡子	hus：湖水，护士
husi：护士，狐死	hy：怀疑，好友，汉语，会员
hyd：活跃度，黄岩岛，好又多	
i：蜡烛，我，爱	ic：ic 卡
im：i am 缩写，"鹦鹉"谐音	in：银，饮，在……里面

ing：赢，鹰，影	ion：离子，lion 狮子去掉 l
ip：挨批，ip 地址	intro：印错，阴错阳差
is：is	ist：爱死他
j：鸡，家，嫁	ja：家，甲鱼，嫁
je：姐，解，接	ju：举，桔，锯
jun：军人，俊，君	jur：居然，巨人，巨热
k：机枪，KFC，卡，烤，靠	ka：卡
kan：看，砍	ke：渴，咳，客
ken：啃，可能	
l：树，楼	la：拉，辣，蜡
lai：来，赖	lan：蓝，烂，懒，拦
lar：拉入，腊肉	lb：喇叭，老板，老爸
ld：老大，老爹，领导，铃铛	le：快乐，勒
li：梨，栗，荔枝	lib：篱笆，李白，立白
lin：林子，邻居，淋雨	ling：铃，零，领
lis：历史，利索	lk：离开，林肯，篮筐
lo：楼，漏，10	lou：楼，漏，搂
lp：老婆，礼品，楼盘	lt：骆驼，楼梯，联通，轮胎
lu：路，炉，鹿	
m：麦当劳，妈妈，马	ma：妈妈，马，骂
mai：买，卖，麦，埋	mb：面包，棉被，美白
me：我，米	men：门，焖，"男人"复数
ment：闷头，馒头	mi：米，蜜
mbo：脉搏	mit：蜜桃，米汤，谜题
mm：妈妈，美眉，没门	mn：美女，每年，模拟
mo：摸，磨，墨，魔	mou：某人，摸你，mouse 缩写
mony：money 去掉 e	mp：门票，名片，名牌，冒泡
mu：木，母，墓地	my：蚂蚁，毛衣，我的

附录 4　大数相乘的心算诀窍

下面给大家介绍一种在生活中经常用到的多位数相乘，通过简单的方法我们就可以做到心算。

先看两位数相乘：

① 　　23
　　×42
　　―――
　　　?

$2 \times 3 = 6$
$2 \times 2 + 3 \times 4 = 16$
$2 \times 4 = 8$
―――――――
　　966

② 　　75
　　×93
　　―――
　　　?

$3 \times 5 = 15$
$7 \times 3 + 9 \times 5 = 66$
$7 \times 9 = 63$
―――――――
　　6975

步骤如下：1. 心算个位数相乘：① 式乘出是 6，② 式乘出是 15。

2. 心中交叉相乘并且相加：① 式得出 16，② 式得出 66。

3. 心算首位相乘：① 式得出 8，② 式得出 63。

4. 把三行数字如上面依次相加得到最后结果：966、6975。

可以看出，刚才这些步骤里面的计算是掌握了九九乘法表的人都可以完成的，计算难度并不高。关键就在于要记住每一步的计算结果然后进行我们小学就很熟悉的加法运算。而现在，我们掌握了速记几千几万位数字的方法，这点数字岂不是小菜一碟？

下面我们再来加点难度：试试三位数乘法。

　　236
　×421
　―――
　　　?

```
            6 × 1=6
       3 × 1+2 × 6=15
  2 × 1+6 × 4+3 × 2=32
       2 × 2+3 × 4=16
            2 × 4=8
———————————————————
            99356
```

  当然，四位数、五位数甚至更多都可以用这个方法来完成心算。并且，稍微熟练之后，可以发现在掌握进位规律之后，其实可以从高位算起，直接写答案（当然，从低位算起，整理之后也可以直接从高位开始写答案）。大家有兴趣可以看看相关速算书，多多练习，速度将会越来越快。

附录 5　未来的最强大脑们——学员学习体会

1. 高考英语 28 分差生的逆袭
——李朝艺的学习体会

读书路上我一直都是位迷糊先生，小学因为家长会打会骂还学了一点，上了初中是寄宿学校，当时跟了一逗比同桌，两个人简直是"他乡遇故知，久旱逢甘霖"。整个班上每天都充满着我俩的笑声，当然成绩那也是烂得掉渣，特别英语课我不是睡觉就是调侃那英语老师，结果中考英语就不及格了，后来上了高中，成绩也很一般。直到高二的国庆期间，可能平时想歪的想多了，忽然想到正的方面去了，感觉读书生涯真是不成人样，国庆便只出去玩了一天，在房间疯狂做题，国庆假后一星期的期中考，我的成绩直接飙升，打破了数学成绩第一总被实验班垄断的局面，当时我就想这还是以前的我吗？努力了六天就考了这分数，实在让人有点惊讶。我也观察了下，那些整天胡说八道胡思乱想的人其实脑子都特好使，只是都使其他地方去了。之后大大小小的考试我都获得不错的成绩，唯一的缺点便是英语我从来不听，而不听的原因竟是我天真地认为只要熬过了高中，大学应该跟英语不沾边了。

就这样我的英语便一路向北，烂得狂掉渣，后来高考，我用英语 28 分的成绩上了一所普通本科，家里人感到甚是可惜。之后大学英语让我非常难堪，四级更是难以通过。不过我并没有放弃，而是一直在摸索快速学习的方法，其间换过好多种，但一直没多大创新，总之老式的背单词简直是要人命。直到有一天我在电视上看到"最强大脑"们的表演，我的兴趣又来了，起初我以为他们是生生地记忆下来了那些令人望而生畏的东西，不过还是抱着怀疑的态度去图书馆找了几本关于记忆的书来看。不看不知道，一看吓一跳，原来此内另有玄机：所谓的记忆术竟是我们平时扔在一边的想象与联想能力！幸好，我这人就好胡思乱想，所以想象力还不缺。之后更是有缘与郑才千老师进一步交流,让我在有效学习和记忆上突飞猛进,这里我重点讲一讲记单词。

比如 comparison(比较)这个单词,懂词根的同学知道,前缀 com 有"共同"的意思,词根 par 有"相等"的意思,这个单词便可以这样记:"一群别人家的儿子(son+par 相等都是儿子)一起(com)比较,谁牛逼就给谁一袋蜡烛(i)。"若不懂词根法也可以直接记:com 拼音"聪明",pari 拼音"怕日",son 是"儿子"的意思,这个单词就可以记忆成"这个孩子很聪明,就是比较怕晒太阳(日)"。

按照这样的记忆方法,在起步阶段,我这个高考 28 分的零基础菜鸟,记忆速度就达到了 10 多秒一个!所以要相信只要是个人,就能达到这个水平,把所谓的学霸们秒成渣渣。

这里我也谈一下学习记忆术对人际关系的帮助,作为男性同胞经常会认识不同女孩,那么出于礼貌或搭讪便要迅速记忆她们的名字。举个例子,有个美女刚跟你认识,叫李雪锦,她的眼睛很像狐狸,脸上拍了粉,你可以这样转化:这李雪锦姓李,刚好她的眼睛像狐狸,就直接拿狐狸来做主体,"狸"字代替"李",你想象一只狐狸喝着雪津(雪锦)啤酒,吃着武大郎烧饼(这女孩脸上涂的粉都可以炸武大郎烧饼了),如果大家刚开始没运用得那么好能直接用"狸"字代替"李",也可以这样想,李逵娶了只狐狸,这狐狸天天都在家喝着雪津吃武大郎烧饼,实在把他气疯了!!

学习完记忆法后,重中之重是懂得如何灵活运用,给你副鱼竿你偏要上没鱼的地方放钓,那跟没学有何区别。灵活运用就是学会观察你所要记忆东西的特点和有没有规律可循(能减少记忆量就减少),而不是一上来就随便拿个方法套进去试,不行再换一种,要选取能够在最短时间内记住想记的内容的方法。

2. 不合格文科生的故事
——李默默的学习体会

故事一开始需要先做一个深刻的检讨,我,应该是一个不合格的文科生。

怎么不合格呢，因为我的文综真的是非常让人揪心，尤其是历史，大致的朝代划分、大事件也就都还好，可是只要有具体到年月，或者有相似的条约、条款内容，我就常常傻傻分不清或者记成混淆的。所以一到要考试的前几天，就是我拼命反复扫视书本每句话、每个字的奋斗时间。

我之前一直将此归咎于自己记忆力不好，但事后证明问题的关键在于方法。

那是一个月黑风高的夜晚，我和我妈坐在客厅的沙发上，同时对着电视屏幕中密密麻麻的魔方墙"恐惧"，不要说这一大片的色块，就是单面魔方墙就能晃花我俩的眼睛。可是墙前小伙子沉着冷静地一个个说出被改动过的地方的时候，我就深刻体会到来自大神碾压的感受了。也就在这一天，认识了这个脸上还有些许青涩的小伙子——郑才千老师。

受到碾压后的第一件事情就是赶紧上网查各种资料，看看老师有没有收弟子，传不传绝招。然后就看到老师开的提升记忆力的班级，正好到下一期的开班，就顺利报名了。因为自己仍然有一颗想要成为人民公仆的红心，所以还需要参加各种国考省考，还需要背各种历史，还需要有效的记忆方法。

郑老师的记忆法真的影响了我不少，效果之一就是这次的事业单位考试考了第二名，虽然还有点差距，但是我会说我是考前一周开始准备的么，尤其是常识部分除了历史还有政治法律等等，都是需要花大力气去记忆的。因为喜欢想故事，所以我常用的方法是导演法和路线法。到了最后，两种方法混在一起用了，但也没问题，关键就是你用得顺手，常常用，效果就会越来越明显。我在这里就举几个例子：

比如记秦朝起止年代（前221~前206），可以这样记："青（对应"秦"）鹅（对应数字2，参考老师给的数字编码）被鳄鱼（对应21）捕食，血淋淋的鹅（对应数字2）肚子里静静地躺着把手枪（对应06）。"只用这样一句话的小故事，就忘不掉秦的时间节点了。

又或者长一点的，用路线法来记忆《南京条约》：割香港岛给英国；赔款2100万银元；开放广州、厦门、福州、宁波、上海为通商口岸；中国收取英商进出口货物关税由两国商定。我是这样记的："条子（对应香港）想去魔都（上海）买鳄鱼（21）牌望远镜（00），要用月入（粤鹭）的银元才买得了，可是又因为关税不能自定（关税需两国商定）而难以安宁（宁波）。"

以上就是我从老师那儿学到的好方法，希望能对大家有启发。好钢用在刀刃上，好的记忆方法也是建立在你对现有材料有一定了解的基础上的，所以在使用记忆方法前，还是要先把资料看透吃透。还有一个比较重要的就是，即便记住了也需要反复地回忆，也就是老师说的五个一：一小时后，一天后，一周后，一月后，一季度后及时温故，效果更佳。

PS：特别是数字记忆真的非常好用，公车上有时看到心仪目标和别人交谈时暴露电话号码或社交账号时，你就能分分钟记下来了！另外，朋友聚会时还能背背圆周率提升下自豪感（希望我没有教坏你们）！

3. 30 岁以后的记忆拯救
——伍正的学习体会

30岁以后，总觉得自己记忆能力越来越差，原来像雕刻在记忆钢板上的东西，似乎都云飞泥沉、烟消云散了。看过的书、见过的人、经历的事，都是模糊的，让我感觉这是一种灾难。

学习记忆法之后，我才知道，我当时主要用的是左脑记忆，用的是理解、分析、判断等逻辑性思维，对于那些背诵精确度高的基本上是死记硬背、照本宣科，学起来痛苦，忘起来飞快。正如电影《超体》里的表述，时间长度是唯一的判断。记忆也是如此，以司法考试为例，我残留的比较精准的记忆内容便是在某些时候用到记忆法的成果。比如用"歌诀记忆法"，像抢劫罪的八种加重情节（入户抢劫的；在公共交通工具上抢劫的；抢劫银行或者其他金融机构的；多次抢劫或者抢劫数额巨大的；抢劫致人重伤、死亡的；冒充军警人员抢劫的；持枪抢劫的；抢劫军用物资或者抢险、救灾、救济物资的），我当时通过一首歌诀很快记忆下来了，现在还历历在目——"入户上车抢银行，多次巨额有伤亡，冒充警察拿着枪，特殊物资不能抢。"但问题是，这种方法用得极少。

最近和一位学习记忆法的同学聊天，他说，那些学神考100分，是因为试卷只有 100 分，我们当初考 98 分，是因为我们只会那 98 分，我们和学神们的区别就在于，那些学神很轻松，我们很累。还有呢？就是那些学神要不就是入了记忆法的宗派，要不就是无形中使用了记忆技巧，进入了活学活用活背的化境。

虽然已经三十而立，虽然每天工作繁忙，但学习了记忆法之后，我看到的改变是，第一节课结束之余，我就很快记住了圆周率小数点后的 100 位数字，经过两天反复训练后能在 20 秒内背诵出来，并且倒背如流，要知道那其实仅仅是花了几个小时训练的结果。可能很多人认为不可思议，但真正接触了，你会知道，这并不神秘。

我开始感慨的是，在上完英语单词记忆课后，我脑洞大开，但没有想到的是才千老师说的，一般人上完课掌握方法后，一天花两个小时能记忆上百个单词，而且难以忘记。对比考研时背诵英语单词的艰苦劲——那时我除了用一个月的时间每天花两三个小时专门背诵单词之外，还在后面的半年每天都要花一到两个小时去巩固记忆。但现在接触的记忆方法确实高效，比如 Bagel 这个单词，词义是"面包圈"，我想象"一只八哥鸟（bage），脖子用一根绳子（l）系着面包圈，时不时地饿了就啄两口"，我在记忆一遍后便长久地记住了这个单词。

学了记忆法之后，我会常常运用记忆法去记日常生活中的东西，希望能把记忆法运用到日常生活中去。比如我现在总会有意识地去记忆车牌，鲁 J—RW350，我用的记忆方法是"鲁莽的 JR 史密斯带球过了我（W）后把山虎（35）的眼睛扣肿（0）了"；比如我用"锁链法"与"导演法"记忆了"西藏十大美景"（布达拉宫、扎什伦布寺、珠穆朗玛峰、桑耶、雅鲁藏布江大峡谷、纳木错、哲蚌寺、色拉寺、羊卓雍措、玛旁雍措），我用的记忆方法是："达拉斯小牛（布达拉宫）要扎死哥伦布（扎什伦布寺），他拼命往山上跑，推开一头猪（珠）后乘着一片桑叶（桑耶）飞到峡谷中，遇到了鲁滨孙（雅鲁藏布江峡谷），鲁滨孙拿（纳）起木头就往哥伦布身上戳（错），哥伦布以为自己要死了，结果鲁滨孙戳死的是一只食人蚌，因为那个蚌想蜇（哲蚌寺）哥伦布，两个人成为生死之交，鲁滨孙捉了只羊（羊卓）坐在骏马旁边（玛旁）喝起了小酒，哥伦布从包里还掏出色拉酱拌羊肉吃。"

我还用记忆法来记忆人名，某天在单位参会见到了一批人大代表，我利用记忆法把发言的几位给当场记住了，比如：

1）符斌，某地人民医院院长。我是这样记的，"一堆草丛中一个工兵（斌）埋伏（符）在里边，为隐蔽把衣（医）服都涂绿了"；

2）林秀琴，某有色金属公司老总。我记成"一把已经生锈（秀）的小提琴（琴），只能在上面淋（林）上金属浆来修复"；

3）周小萍，某医药公司老总。我记成"（周）恩来非常节俭，用小（小）瓶（萍）装的药小口小口地喝"；

4）韩春剑，某银行行长。我记成"荆轲口含（韩）着一把（剑），坐船沿着碧绿的（春）水直奔越南"；

5）林水栖，某糖业公司老总。我想的是"在树（林）里挖出泉（水）回家煮稀（栖）饭吃，然后加了点红（糖）"；

6）熊春燕，某教育局局长。我想的是"熊跳出来抓住燕子，往水里一砸，一条蠢（春）鱼（育）被砸晕了"；

7）卢跃飞，某地国资委局长。我想的是"炉（卢）子里跳出来乌黑的岳（跃）（飞），把锅（国）踩得稀巴烂"；

8）陈一华，某环保局清厕队队长。我想的是"（陈）冠希（一）旦花（华）心就掉进厕所"。

后记

冬日的阳光透过北京的雾霾懒散地洒进我的房间，心中的计算器慢慢停下，只剩下指尖敲击键盘的声音——书终于完稿了。

从 2014 年跨到 2015 年，几经增删，好事多磨，终于大功告成。期间有将近 10 家出版社邀请我写一写这方面的著作。最开始我觉得我效率高，同时写几本完全没有问题。没有想到人算不如天算，2014 年我的繁忙远远超出我的想象，最后可以说是上帝选择了这一本来进行创作。

我想给读者的很多，但是出版物毕竟不同于授课，很多方面都需要调整，加上我事务繁忙，直到我录制《最强大脑》第三季时，我还在苦心孤诣——用文艺青年的方式写一本 how to 的书真是不容易，希望最后呈现在你面前的都是凝固时空后撷取的流星的璀璨。

谈到《最强大脑》，可能很多人都很关心我在《最强大脑》第三季的挑战项目——雪花之谜。最开始编导跟我说这个项目的时候，离正式录制就没有多长时间了。其实我刚听到这个项目的时候，我也不知道应该怎么完成。但是，正如我当初听说魔方墙一样：哦，有点难吗，那就接吧！就这样，我无所畏惧地接下了这个项目。

而最终我也创造了 2.5 秒的全场最快速度！虽然由于比赛规则，结果略有遗憾。但是结果不意味着全部。赛前，原始版本的规则是每次答对并且最快的人才可以得 1 分，先得 2 分者获胜。如果按照这个规则，比赛结果将大为不同。而我却不 care 规则的临场修改。甚至，我上场前膝盖和脚踝突然扭伤，我也没有申请项目延后，难忍的疼痛一定程度上影响了场上发挥。那我是不是为此而后悔呢？并没有！

结束之后，大家都为我感到可惜，他们真真切切地感觉到了我的实力。如果除了实力，我也多多关注一些操作层面的问题，或许会更好。而我本身却没有那么多负面的情绪，对于我来说：第一季的全场最难项目——魔方墙我早已经证明了我的实力，输赢对于我来说并不是最重要的，我来是为了挑战自己。抢答机制的存在注定会让现场的不确定性大大增强，任何一个选手无论其优势多么大，其失败的几率都是50%！实力在这里无法保证你的胜利，正如郭敬明问我为什么第一季已经功成名就还要冒风险来第三季时我回答的"真正的英雄不畏惧任何一次失败"，输不起就不要来。

我这本书一直力图让每一个读者都成为真正学神，而一个真正的学神，他所追求的绝不是任何一次的成败。不必讶异，无须欢喜；不必落寞，无须忧伤。任何一个独立事件，都有其偶然性，你的实力只有你自己最清楚！

在学习书中方法的过程中，或许你也会遇到暂时的不适应，正如学骑自行车，一开始可能要摔几次跟头，但是不要忘记：你即将成为一名学神，你不需要 care 别人在你摔倒时的嘲笑，学神的目光只注视前方！

在这里我还要感谢众多朋友，为我的书"保驾护航"。

感谢我的朋友王昱珩先生熬夜为本书作画、题字，使得一本 how to 的书能够拥有我——一个文艺青年追求的清新淡雅。

感谢我的朋友刘艳女士为本书绘制的思维导图，作为国内手绘思维导图权威，其作品保证了该部分的颜值。

感谢我的学生于渊亭女士为本书绘制的插图，使得本书图文并茂，更易于理解。

感谢我的粉丝朋友赵文花女士为"才千老师有话说"版块绘制插图，使得版块更加醒目。

感谢我的朋友王水波先生和我的学生吕佳蓬、郭磊为本书提供思维导图初稿。

感谢东亚诸位速读前辈在训练图和训练方法上给予我的启迪。

感谢北大出版社旷书文先生的精益求精，提供了无数宝贵意见。

感谢我的众多学生为本书提供实例并分享自己的心路历程，给各位读者有了更好的参照。

感谢拿起这本书的你，让我更有力量……

郑才千
2015 年 12 月

下面是我的读书心得:

写完了？新浪微博＠郑才千吧